Gesamtbearbeitung: Druckerei Joh. Walch
Lektorat: Ina Elisabeth von Gerlach
Druck: Konrad Triltsch, Ochsenfurt

1. Auflage 2008

Nymphenburger Straße 86
80636 München
Tel. 089 651285-0
Fax 089 652096
info@finanzbuchverlag.de

Den Autor erreichen Sie unter:
miller@finanzbuchverlag.de

Bibliografische Information der Deutschen Bibliothek: Die Deutsche Bibliothek verzeichnet diese Publikation in der Deutschen Nationalbibliografie; detaillierte bibliografische Daten sind im Internet über **http://dnb.ddb.de** abrufbar.

ISBN: 978-3-89879-391-9

simplified

Inhalt

simplified

DIE SIMPLIFIED-BUCHREIHE
WWW.SIMPLIFIED.DE

EINE ZUSAMMENARBEIT VON FINANZBUCH VERLAG UND INVESTOR VERLAG

simplified

Vorwort

Das Stichwort »Nettorendite« hat bei der steueroptimierten Geldanlage eine große Bedeutung. Allerdings können Anleger nicht mehr lange auf bisher geltende Steuerregeln zurückgreifen. Mit dem Gesetz zur Unternehmensteuerreform 2008 wurde die sogenannte Abgeltungssteuer für Kapitaleinkünfte beschlossen. Ab 01. Januar 2009 kommt es zu einer gravierenden Systemumstellung, indem Kapitalerträge nicht nur losgelöst von den übrigen Einkünften, sondern auch nach neuer Systematik besteuert werden. Veräußerungsgewinne im Kapitalanlagebereich werden generell steuerpflichtig. Mit der Abgeltungssteuer will der Gesetzgeber insbesondere den Transfer von privatem Kapitalvermögen ins Ausland stoppen, das Steueraufkommen stärken und das Besteuerungsverfahren von Kapitaleinkünften vereinfachen.

Die zu erwartenden Auswirkungen haben bereits heute einen maßgeblichen Einfluss auf Anlageentscheidungen. Zu denken ist etwa an den Abschluss eines neuen Lebensversicherungsvertrags, eines Fondssparplans oder an die Wahl zwischen Anleihen, Aktien und Zertifikaten. Die Besteuerung der Kapitaleinkünfte gehört bereits nach geltendem Recht zu den kompliziertesten Gebieten des Einkommensteuerrechts. Dies liegt u.a. an der Kreativität der Emissionshäuser, die in immer kürzeren Abständen neue Produkte zur »Steueroptimierung« anbieten, die ihrerseits unmittelbar die Finanzverwaltung zu Gegenreaktionen animieren, und an dem sich ständig im Fluss befindlichen Steuerrecht, wie dies etwa in der jüngeren Vergangenheit anhand der zahlreichen BFH-Urteile zur Besteuerung von Finanzinnovationen deutlich wurde.

Das wird sich ab 2009 ändern, weil dann beispielsweise nichtbetriebliche Kapitaleinkünfte genauso wie Veräußerungsgewinne einer 25%igen Quellensteuer mit grundsätzlicher Abgeltungswirkung unterworfen werden. Die bisher so wichtige und gleichzeitig konfliktträchtige Abgrenzung zwischen Ertrag – als Frucht der Überlassung von Kapital – und Substanz – dem Kapitalvermögen selbst – wird damit obsolet.

Nehmen Sie sich die Altersvorsorge als Vorbild. Hier haben sich mittlerweile drei verschiedene Säulen (Strategien) etabliert: die gesetzliche Rente, die betriebliche Altersvorsorge und Ihre persönliche und private Altersvorsorge, welche zum Teil über Riester oder Rürup-Modelle zusätzlich noch – abgeltungssteuerfrei – gefördert wird. Die private Altersvorsorge wird dabei zunehmend die wichtigste Säule werden.

Die drei Säulen als Strategie für die Abgeltungssteuer sind für mich derzeit erstens die Nutzung der Altbestandsregelung durch Kauf vor dem 31.12.2008 (**Konservierung**), zumindest für den langfristig ausgelegten Teil Ihrer Vermögenswerte; zweitens die Führung Ihres Wertpapierdepots oder Sparplanes in einem Lebensversicherungsmantel (**Versicherung**), und drittens die **Verlagerung** von Vermögenswerten in Strukturen, die von der Abgeltungssteuer nicht betroffen sind. Hierzu zählen beispielsweise physische Werte wie Gold, Kunst oder Immobilien, alternative Steuersubjekte wie Gibraltar-Fonds, Luxemburg Gesellschaften, Geschlossene Beteiligungen wie Schiffsfonds oder allgemeine alternative Steuersubjekte (Vermögensverwaltende- beziehungsweise haltende Gesellschaften).

Auch die wohl effizienteste Antwort auf die Abgeltungssteuer fällt in diese Strategie: die Wohnsitzverlagerung.

Herzlichst Ihr

Markus Miller
Gründer und Herausgeber von
GEOPOLITICAL.BIZ – www.geopolitical.biz

A) Abgeltungssteuer

simplified

1 Eine gute Idee schlecht umgesetzt

Im Jahr 2007 hat der deutsche Gesetzgeber die sogenannte Unternehmenssteuerreform abgesegnet und auf den Weg gebracht. Ein Teil dieser Reform besteht in einem Systemwechsel bei der Besteuerung von Kapitaleinkünften in Deutschland durch Einführung einer Abgeltungssteuer in Höhe von 25%. Allerdings kommen noch die nicht unerheblichen Bestandteile Solidaritätszuschlag (5,5%) und gegebenenfalls Kirchensteuer (8 – 9% je nach Kirchenzugehörigkeit) dazu.

In 16 EU-Mitgliedstaaten wird bereits heute eine Abgeltungssteuer auf Kapitaleinkünfte erhoben. Allerdings werden nur in Österreich, Polen und Schweden nahezu alle Kapitalerträge gleich besteuert. Die übrigen Staaten erheben Abgeltungssteuern nur auf bestimmte Kapitalerträge, oder aber mit unterschiedlichen Steuersätzen.

Eine Abgeltungssteuer hat das Ziel, ein einfaches und attraktives Steuersystem für Kapitalanlagen zu schaffen, das von der Bevölkerung akzeptiert wird. Damit soll vor allem der Kapitalflucht ins Ausland die Grundlage entzogen werden. Ebenso soll erreicht werden, dass weniger Menschen auswandern und ihren Steuerwohnsitz verlagern. Diese Logik gilt aber nur für eine wettbewerbsfähige und niedrige Abgeltungssteuer auf alle Kapitalerträge. Weder mit dem Satz von deutlich über 25% (absolut) noch mit dem Wegfall des Halbeinkünfteverfahrens, der Streichung der Spekulationsfrist sowie der Werbungskosten wird dies erreicht! Auch das Wort Abgeltungssteuer ist für die deutsche Umsetzungsvariante falsch, da ja weder Schenkung- noch Erbschaftsteuern abgegolten sind. Ebenso hängt aus meiner Sicht immer latent das Damoklesschwert der Wiedereinführung einer Vermögenssteuer über dem deutschen Steuervolk, da gerade die Abgeltungssteuer die Reichensteuer bei den Kapitaleinkünften aushebelt.

Aus meiner Sicht ist die Einführung einer Abgeltungssteuer im Prinzip ein absolut sinnvolles Mittel zur Vereinfachung des Steuersystems, für mehr Gerechtigkeit, zur Schaffung von Investitionsanreizen und zum Bürokratieabbau. Die deutsche Umsetzungsvariante erreicht leider keines dieser Ziele! Für Sie als Anleger gilt es nun, das Beste aus dieser negativen Gesetzesvorgabe zu machen!

2 Ein erster Überblick über die Abgeltungssteuer

Aufgrund des beschlossenen Unternehmensteuerreformgesetzes 2008 kommt es ab dem 01. Januar 2009 zu einer Abgeltungssteuer mit pauschal 25% zuzüglich Solidaritätszuschlag und gegebenenfalls Kirchensteuer. Dies bringt völlig neue Steuerregeln für die Geldanlage, da es gleichzeitig zu einem Wegfall der Spekulationsfrist im Kapitalanlagebereich kommt.

Veräußerungsgewinne werden generell steuerpflichtig. Aber immerhin müssen Anleger ihre Aktien oder Zertifikate Ende 2008 nicht überstürzt aus dem Depot verkaufen, um die Spekulationsfrist zu retten. Denn vor 2009 erworbene Wertpapiere können grundsätzlich weiterhin nach einem Jahr steuerfrei verkauft werden. Insoweit gibt es einen **Bestandsschutz**.

Sparerfreibetrag und Werbungskosten-Pauschbetrag bleiben in ihrer Höhe unverändert und werden zum neuen **Sparer-Pauschbetrag** von 801 € pro Person zusammengefasst. Eingereichte Freistellungsaufträge müssen also nicht geändert werden. Bis zu dieser Höhe wird keine Abgeltungssteuer einbehalten.

Lediglich inländische Geldhäuser können zum Einbehalt der Abgeltungssteuer verpflichtet werden, **Auslandsbanken** bleiben wie schon beim Zinsabschlag außen vor. Kapitaleinnahmen und Börsengeschäfte von jenseits der Grenze sind daher weiterhin in der Steuererklärung zu deklarieren (Welteinkommensprinzip). Hier wirkt sich für Privatanleger die Abgeltungssteuer ebenfalls aus. Das Finanzamt besteuert dann pauschal mit 25 % nach.

Da Kapitaleinnahmen und -gewinne im Privatvermögensbereich nur noch der separaten Abgeltungssteuer unterliegen, werden sie künftig – sofern Anleger keinen Ansatz wünschen – im Steuerbescheid nicht mehr aufgeführt. Dies ergibt insgesamt **geringere Gesamteinkünfte,** was zu einer Minderung der Progression für Löhne, Mieten oder Gewinne führt. Steuerzahler werden also beim Finanzamt ab Januar 2009 faktisch über Nacht ärmer.

Neue Regeln sind auch bei der **Kirchensteuer** geplant. Hier darf der Anleger mit Konfessionszugehörigkeit entscheiden, ob die Abgabe bereits von der Bank oder erst später vom Finanzamt einbehalten wird. Da die auf die Abgeltungssteuer gezahlte Kirchenabgabe künftig nicht mehr als Sonderausgabe zählt, gewährt der Fiskus bereits vorab eine Ermäßigung. Der Abgeltungssatz vermindert sich nach einer komplizierten Formel für Anleger mit Konfession geringfügig.

Die **Jahresbescheinigung** wird künftig nicht mehr benötigt, da die Banken ab 2009 für die Steuererhebung verantwortlich sind. Insoweit entfällt auch – theoretisch – der Kontenabruf. Finanzämter und Sozialbehörden dürfen aber auch nach 2008 Kontrollmaßnahmen durchführen und nach Konten forschen, um die Kenntnisse für sonstige steuerliche und außersteuerliche Zwecke zu nutzen. Wollen Anleger zur Steuerveranlagung optieren, erhalten sie eine Bescheinigung über ihre Kapitalerträge nebst einbehaltener Abzugsteuer.

Für Erträge aus **Anleihen** und Rentenfonds müssen Anleger mit hoher Progression über die Abgeltungssteuer **weniger zahlen,** dafür **erhöhen** sich die Abgaben bei **Aktien** und **Zertifikaten.** Dies liegt vor allem am Wegfall der Spekulationsfrist und dem gestrichenen Halbeinkünfteverfahren für Dividenden und Aktienverkäufe im Privatvermögensbereich.

Schlechter stehen künftig auch **Investmentfonds** da. Im Fonds realisierte Kurserträge sind derzeit unabhängig von Haltefristen steuerfrei. Da dies entfällt, werden insbesondere Aktienfonds für die langfristige Altersvorsorge unattraktiver. Demgegenüber können offene **Immobilienfonds** ihre Vorteile ausspielen, weil die Spekulationsfrist für Grundbesitz bestehen bleibt.

In schlechten Börsenzeiten profitieren Sparer allerdings durch die **bessere Verrechnungsmöglichkeit von Verlusten.** Die können dann nicht nur entsprechende Gewinne binnen Jahresfrist, sondern unabhängig von der Haltedauer auch Zinserträge mindern. Dasselbe gilt dann auch für Währungsverluste, nicht aber für Verluste aus Aktiengeschäften, die nur mit gleichartigen Gewinnen verrechnet werden können.

Schlecht sieht es ab 2009 für Sparer im Privatbereich aus, die etwa Schuldzinsen auf ihre Anlagepapiere zahlen. Denn der **Werbungskostenabzug** bei der Geldanlage wird grundsätzlich gestrichen. Nur die Bankspesen bei An- und Verkauf von Wertpapieren dürfen weiterhin Verkaufserlöse schmälern.

Im Bereich der **Gewinneinkunftsarten** natürlicher Personen und Personengesellschaftern (d. h. im **betrieblichen Bereich** außerhalb der Kapitalgesellschaften) wird das bisherige Halbeinkünfteverfahren durch das neue **Teileinkünfteverfahren** ersetzt. Kapitalerträge und -gewinne werden zu 60% erfasst, im Gegenzug sind auch nur 60% der Ausgaben ansetzbar.

Für **Körperschaften,** insbesondere einer GmbH oder AG, bleibt es bei der bisherigen Steuerbefreiung gemäß § 8b KStG. Die Abgeltungssteuer tangiert diese Unternehmen nur insoweit, als sie Vorauszahlungscharakter hat.

simplified

3 Grundlagen in Kürze

Grundlagen der deutschen Abgeltungssteuer

- Einführung 01.01.2009
- Einheitliche Besteuerung von Erträgen
- Abgeltungsteuersatz von 25% (plus Solidarzuschlag 5,5% und Kirchensteuer 8 – 9% je nach Konfession), Einbehaltung durch inländische Banken
- Einkünfte aus Kapitalvermögen, insbesondere Zinserträge und Spekulationsgewinne
- Gewinne aus privaten Veräußerungsgeschäften – geänderte Verlustverrechnungen
- Wegfall der sogenannten »Veräußerungsfrist/Spekulationsfrist«
- Besteuerung unabhängig von der Haltedauer
- Für Anlagen, die vor dem 31.12.2008 angelegt wurden, entfällt die Abgeltungsteuer (auf Spekulationsgewinne)
- Ausnahme Zertifikate: Für diese gilt der Stichtag 15.03.2007 und eine Übergangsfrist bis zum 30.06.2009

- Abschaffung des Halbeinkünfteverfahrens, wonach Dividenden nur zur Hälfte versteuert werden. Dividenden unterliegen in voller Höhe der neuen Abgeltungsteuer.

- Sparerfreibetrag 801 € beziehungsweise 1.602 € für Ehepaare; darüber hinausgehende Werbungskosten werden nicht anerkannt

Keine Abgeltungssteuer

- Riester-Verträge und Rürup-Rentenverträge (nachgelagerte Besteuerung, Einzahlungen steuerfrei)

- Private Rentenversicherungen

- Kapitalbildende Lebensversicherungen (bei Mindestlaufzeit von 12 Jahren und Auszahlung nach dem 60. Lebensjahr)

- Altersvorsorge über die Firma

- Geschlossene Immobilien-, Windkraft-, Solar-, Medien-, Leasing-, Schiffs- und Lebensversicherungs-Fonds

- Vermietete Immobilien und Eigenheime

- Physische Investments (beispielsweise Direktinvestitionen in Gold, Edelmetalle oder Kunst)

Wichtige Stichtage

15.03.2007 Relevant für Zertifikate; Zertifikate, die vor diesem Datum angeschafft wurden, können nach einjähriger Haltefrist auf unbegrenzte Zeit steuerfrei veräußert oder eingelöst werden.

01.01.2009 Ab diesem Datum gilt grundsätzlich für alle Kapitalerträge die Abgeltungssteuer. Für verschiedene Anlageformen, die vor diesem Datum angeschafft wurden, gelten weiterhin die alten (günstigeren) Regelungen bei Veräußerung oder Einlösung.

30.06.2009 Spekulationsinstrumente (Zertifikate), die nach dem 14.03.2007 und vor dem 01.01.2009 angeschafft wurden, können bis zu diesem Datum steuerfrei veräußert oder eingelöst werden. Da hierfür die einjährige Haltefrist eingehalten werden muss, gilt dies somit für Zertifikate, die vor dem 30.06.2008 erworben werden.

Werbungskosten

- Der Abzug tatsächlich angefallener Werbungskosten wie Depotgebühren, Reisekosten zur Hauptversammlung, Fachliteratur, Vermögensverwaltungsgebühren oder Refinanzierungskosten (Schuldzinsen bei Wertpapierdarlehen) wird zukünftig nicht mehr möglich sein.

- Der Sparer-Freibetrag von 750 € und die Werbungskostenpauschale von 51 € werden zum neuen Sparer-Pauschbetrag von 801 € (1.602 € für Verheiratete) zusammengefasst.

- Transaktionskosten bei der Veräußerung von Kapitalanlagen werden jedoch weiterhin bei der Ermittlung des Veräußerungsgewinnes abzugsfähig sein und diesen mindern!

Nichtveranlagung und Freistellungsauftrag

- Freistellungsaufträge und sogenannte NV-Bescheinigungen wird es weiterhin geben. Um eine NV-Bescheinigung zu erhalten, muss der Anleger glaubhaft machen, dass er mit seinem Einkommen unter den allgemeinen Freibeträgen und dem Sparerpauschbetrag liegt.

- So können zum Beispiel Rentner mit geringem Einkommen oder Eltern, die für ihre Kinder Geld auf die hohe Kante gelegt haben, mit Hilfe der NV-Bescheinigung des Finanzamtes bis zu einem Jahreseinkommen von 8.501 €, bzw. 17.002 € bei Verheirateten (Betragsangaben für 2007), Steuerabzüge vermeiden. Diese Summe setzt sich aus mehreren Freibeträgen zusammen, die jedem Bürger ab Geburt zustehen. Die NV-Bescheinigung wird für einen Zeitraum von maximal drei Jahren erteilt. Danach muss sie neu beantragt werden.

- Eine Veranlagung kommt des Weiteren auf Antrag in Betracht, wenn der persönliche Steuersatz nach dem Progressionstarif unter 25% liegt. In diesem Fall führt das Finanzamt eine so genannte »Günstigerprüfung« durch.

Erbfall

- Erben, die nach 2008 alte Wertpapierbestände in ihrem Nachlass vorfinden, brauchen die Abgeltungssteuer ebenfalls nicht zu fürchten.

- Der Erbfall soll nicht als erneute Anschaffung gewertet werden, sondern gilt als unentgeltlicher Erwerb.

- Vorteil: Haben die Erblasser die Wertpapiere bis zum 31.12.2008 angeschafft, können die Erben nach Ablauf der einjährigen Spekulationsfrist steuerfrei verkaufen.

- Achtung: Natürlich ist der Wert der ererbten Wertpapiere für die Berechnung der Erbschaftsteuer relevant. Hier gelten spezielle Regeln und eigene Freibeträge je nach Verwandtschaftsgrad.

Kirchensteuer

- Im Gesetz findet sich künftig eine Formel, nach der die Abzugsfähigkeit der Kirchensteuer als Sonderausgabe direkt im Abgeltungssatz berücksichtigt wird. Sie wird damit – ebenso wie anrechenbare ausländische Steuern – mindernd in die Berechnung einbezogen.

- Hinsichtlich der Kirchensteuerabgeltung darf sich jeder Steuerpflichtige ab 2009 entscheiden, die Kirchensteuer entweder als Kirchensteuerabzug einzubehalten oder vom zuständigen Finanzamt veranlagen zu lassen.

Depotüberträge

- Aufgrund der Abschaffung der Spekulationsfrist werden Kapitalanleger zukünftig vermehrt Veräußerungstatbestände verwirklichen. Sofern die Kapitalanlagen über dasselbe Institut erworben und veräußert werden, liegen alle erforderlichen Daten zur Ermittlung der Bemessungsgrundlage für die Besteuerung vor. Sie ergibt sich regelmäßig aus der Differenz zwischen Veräußerungserlös und Anschaffungskosten. Bei einem Depotübertrag im Inland hat die übertragende Bank der übernehmenden Bank die Anschaffungsdaten mitzuteilen. Ist die übertragende Stelle eine Bank mit Sitz in einem anderen EU-Staat oder in einem anderen Staat des EWR-Abkommens, kann der Nachweis der Anschaffungsdaten nur durch eine Bescheinigung des ausländischen Instituts geführt werden. In allen anderen Fällen ist ein Nachweis der Anschaffungsdaten ausgeschlossen.

- **Ein Nachweis durch eigene Belege ist somit grundsätzlich unzulässig!** Ist der Nachweis der Anschaffungsdaten nicht möglich oder nicht zulässig, bemisst sich die einzubehaltende Steuer auf 30 % der Einnahmen aus der Veräußerung oder Einlösung der Kapitalanlagen. Neben den Anschaffungsdaten der Kapitalanlagen hat die übertragende Bank der übernehmenden Bank auch die im sogenannten Verlustverrechnungstopf enthaltenen, noch nicht verrechneten Verluste mitzuteilen.

- → **Nach einem Urteil sind Depotüberträge von Inlandsbanken gebührenfrei abzuwickeln. Künftig bergen jedoch Depotüberträge große systematische und bürokratische Hindernisse!**

Depotübertrag auf eine andere Person

- Wird ein Wirtschaftsgut in einem Depot auf eine andere steuerpflichtige Person übertragen, dann gilt das Wirtschaftsgut zu diesem Zeitpunkt als veräußert, so dass Abgeltungssteuer anfällt. Als Veräußerungspreis gilt in diesem Fall der Börsenpreis (Depotwert). Sollte ein solcher nicht vorliegen, wird die Bemessungsgrundlage der Kapitalertragssteuer aus 30% der Anschaffungskosten gebildet. Für den übernehmenden Steuerpflichtigen gilt der Börsenpreis als Anschaffungskosten. Sollte ein solcher nicht vorliegen, gelten die allgemeinen Regeln bei fehlendem Nachweis der Anschaffungskosten.

- Dies gilt nicht, wenn der Steuerpflichtige der Depotbank mitteilt, dass die Übertragung unentgeltlich erfolgte. In diesem Fall ist dem übernehmenden Steuerpflichtigen bei einer späteren Veräußerung oder Einlösung des Wirtschaftsguts die Anschaffung durch den übertragenden Steuerpflichtigen zuzurechnen. Die Depotbank hat den Finanzbehörden die unentgeltliche Übertragung mitzuteilen.

Verlustverrechnung

- Verluste aus Kapitalvermögen werden in Zukunft nur noch mit positiven Einnahmen aus Kapitalvermögen, nicht aber mit Einkünften aus den anderen Einkunftsarten verrechenbar sein.

- Für Veräußerungsverluste aus Aktien gilt die weitere Einschränkung, dass diese nur mit Veräußerungsgewinnen aus Aktien verrechnet werden können.

- Verluste, die aufgrund fehlender positiver Einkünfte in Entsprechung nicht verrechnet werden konnten, können vorgetragen und in den folgenden Jahren nach denselben Regeln verrechnet werden. Ein Verlustrücktrag in vorhergehende Veranlagungszeiträume wird jedoch nicht möglich sein.

- Altverluste zur Anrechnung mit Einkünften aus Kapitalvermögen werden noch bis einschließlich 2013 möglich sein, danach ist eine Verlustverrechnung nur noch mit Einkünften aus privaten Veräußerungsgeschäften durchführbar.

- Nach aktueller Rechtslage dürfen im Steuerbescheid festgestellte Spekulationsverluste ein Jahr zurück und beliebig lange in die Zukunft vorgetragen werden. Verluste müssen aber wirklich innerhalb der einjährigen Spekulationsfrist realisiert worden sein (in aller Regel durch Verkauf) und müssen dann im Steuerbescheid tatsächlich festgestellt werden.

- So genannte »Altverluste« – das sind Spekulationsverluste, die vor 2009 entstanden sind – bekommen mit Einführung der Abgeltungssteuer eine Art Verfallsdatum. Sie dürfen noch bis 2013 mit neuen Veräußerungsgewinnen aus Kapitalanlagen gemäß dem neuen § 20 Abs. 11 Einkommensteuergesetz (EStG) verrechnet werden, allerdings nicht mit etwaigen Zins- und Dividendenerträgen. Wichtig zu wissen: Demnächst sind Veräußerungsgewinne, Zins- und Dividendenerträge anders als bisher eine gemeinsame Einkunftsart. Über 2013 hinaus dürfen Altverluste nur noch mit neuen Gewinnen aus privaten Veräußerungsgeschäften verrechnet werden. Das sind nach neuer Gesetzesdefinition künftig vor allem noch Gewinne aus Immobilienverkäufen innerhalb der zehnjährigen Spekulationsfrist, die weiter bestehen bleibt, aber auch Gewinne zum Beispiel mit privaten Goldsammlungen, Antiquitäten & Co. Die Verrechnung von Altverlusten ist auch künftig nur im Zuge der Veranlagung möglich.

- Es wird künftig unterschieden zwischen Altverlusten und Verlusten, die ab 2009 entstanden sind. Ebenso gelten bei Aktien Sonderregeln.

- Für sogenannte Neuverluste – also Verluste aus Wertpapierdeals, die aber erst nach 2009 erworben wurden – gilt, dass sie mit Kursgewinnen, Dividendenerträgen, Zinserträgen & Co. verrechnet werden dürfen. So lassen sich zum Beispiel künftig kassierte Stillhalterprämien ebenso mit Fondsverlusten verrechnen wie Dividendeneinkünfte mit Verlusten aus Fondsanteilsverkäufen. Die Verlustverrechnung ist nur in derselben Einkunftsart möglich. Eine gravierende Ausnahme gibt es bei Kursverlusten aus Aktien: Sie dürfen künftig nur mit Kursgewinnen aus Aktien verrechnet werden, nicht aber zum Beispiel mit Kursgewinnen aus Fonds.

Das ist eine klare Verschärfung der bisherigen Regelung mit unter Umständen weitreichenden Folgen für Aktienanleger.

Verlustverrechnung bei Banken

- Auf Ebene der Banken wird für jeden Kunden ein sogenannter Verlustverrechnungstopf geführt werden, der unterjährig stets auf dem Laufenden gehalten wird. Erst wenn der Freistellungsauftrag ohnehin ausgeschöpft ist, führt die Bank für die darüber hinausgehenden Erträge Steuern an den Fiskus ab.

- Pro Depot bei einer inländischen Bank wird so ein Verlustverrechnungstopf geführt werden. Eine automatische Verlustverrechnung über mehrere Depotbanken hinweg gibt es nicht. Wer Gewinne bei Bank A mit Verlusten bei Bank B verrechnen möchte, kann dies nur im Zuge der Veranlagung.

- Steuerzahler können dann auf Antrag von ihrer Bank eine Verlustbescheinigung erhalten. Damit können sie dann zum Beispiel auch Gewinne auf Depots im Ausland im Rahmen der deutschen Steuererklärung verrechnen lassen; oder der Anleger stellt keinen Antrag, dann werden noch bestehende Verluste automatisch auf das Folgejahr übertragen.

Ablauf der Verlustverrechnung

1. Verrechnung von Verlusten innerhalb der Bank, wenn bei derselben Bank im gleichen Kalenderjahr noch Gewinne anfallen

2. Verrechnung von Altverlusten aus privaten Veräußerungsgeschäften mit Einkünften aus Kapitalvermögen, die aus der Veräußerung oder Einlösung von Kapitalanlagen stammen

3. Verrechnung von Verlusten aus Aktienveräußerungen mit Gewinnen aus Aktienveräußerungen

4. Verrechnung von sonstigen Verlusten aus Kapitalvermögen mit Einkünften aus Kapitalvermögen

5. Verrechnung von Altverlusten aus Kapitalvermögen und Verlusten aus anderen Einkunftsarten mit sämtlichen Einkünften

→ **Wenn in einer der Kategorien die Verluste mangels entsprechender Gewinne nicht vollständig verrechnet werden können, werden sie vorgetragen und können in Folgejahren entsprechend verrechnet werden.**

Auslandsbanken

- Die Abgeltungssteuer betrifft nur inländische Institute. Ausländische Banken und Fondsgesellschaften werden nicht als Handlanger für den deutschen Fiskus arbeiten und Abgeltungssteuer abführen. Allenfalls fällt auf Zinserträge und Dividenden die bisher übliche Quellensteuer oder ein Steuerabzug nach der EU-Zinsrichtlinie an; Kursgewinne bleiben jenseits der Grenze – noch – unbehelligt.

- Die Auslandserträge müssen auch nach 2008 in der jährlichen Steuererklärung angegeben werden, damit das Finanzamt die Pauschalabgabe von 25% nacherheben und im Ausland einbehaltene Quellensteuern auf die eigene Steuerschuld anrechnen kann (Welteinkommensprinzip).

Auslandswerte im Inlandsdepot

- Auch Kursgewinne mit Auslandsaktien unterliegen bei Depotführung im Inland selbstverständlich der Abgeltungssteuer. Künftig gilt dann die Regel: Anschaffungs- und Veräußerungspreise sind am jeweiligen Tag in € umzurechnen. Währungsschwankungen wirken sich also aus. Bei ausländischen Dividenden gilt: Vor der Gutschrift auf dem deutschen Depot wird eine etwaige ausländische Quellensteuer über eine komplizierte Formel automatisch auf die deutsche Abgeltungssteuer angerechnet.

- Auf die deutsche Abgeltungssteuer wird nur der nach dem jeweiligen Doppelbesteuerungsabkommen zulässige ausländische Quellensteuerhöchstsatz angerechnet. Sofern eine höhere ausländische Quellensteuer erhoben wurde, als in dem entsprechenden Doppelbesteuerungsabkommen vorgesehen ist, erstattet der ausländische Staat zu viel bezahlte Quellensteuer.

→ **Achtung: Die Erstattungsverfahren richten sich nach den jeweiligen nationalen Bestimmungen des Quellensteuerstaates!**

Termin- und Optionsgeschäfte

- Stillhalterprämien aus Optionsgeschäften werden in Zukunft als Kapitalerträge qualifiziert. Damit unterliegen diese der Abgeltungssteuer.

- Auch Gewinne aus Termingeschäften gelten mit der Einführung der Abgeltungssteuer als Kapitalerträge und nicht mehr als private Veräußerungsgeschäfte. Damit sind auch diese Gewinne unabhängig von der Frist zwischen Rechtserwerb und Beendigung des Termingeschäftes steuerpflichtig und unterliegen der Abgeltungssteuer. Dies gilt auch bei einem Gewinn eines als Termingeschäft ausgestalteten Finanzinstrumentes, beispielsweise einer Kaufs- oder Verkaufsoption. Dies gilt unabhängig vom Zeitpunkt der Beendigung des Rechts und auch für Terminfixgeschäfte, also unabhängig davon, ob der Inhaber des Rechts dieses nur ausüben darf oder aber es ausüben muss.

Turbos, Warrants oder Optionsscheine

- Die Regelungen für Zertifikate gelten auch hier, denn auch diese Papiere sind »verbriefte Derivate«, so dass die Ausnahmereglung zum Tragen kommt.
- Die Ausnahmeregelung gilt für »Schuldverschreibungen, bei denen die Höhe der Rückzahlungsverpflichtung typischerweise von dem jeweiligen Stand eines vereinbarten Basiswertes abhängt«. Demnach sind auf jeden Fall auch Turbos, aber Optionsscheine wohl auch betroffen.
- Ob die Ausnahme in Bezug auf Turbos und Knock-Outs allerdings von praktischer Relevanz sind, ist offen, weil diese Papiere nur selten lange gehalten werden.

Kontenabruf

- Durch die Abgeltungssteuer wird der Kontenabruf in den meisten Fällen überflüssig. Dennoch wird der Fiskus weiterhin heimlich Konten prüfen, allerdings nur noch in ganz bestimmten Fällen.
- Dies ist ab 2009 nur noch in Fällen zulässig, die § 93 Abs. 7 Abgabenordnung abschließend aufzählt:

- Dies sind Anleger mit einem persönlichen Steuersatz unter 25%, die sich die zuviel gezahlte Abgeltungssteuer über die Steuererklärung zurückholen wollen.

- Damit soll festgestellt werden, ob es einen Anspruch auf bestimmte steuerliche Vorteile gibt, die das Finanzamt auch auf Basis der mit Abgeltungssteuer belegten Einkünfte berechnet. Das sind zum Beispiel die Ermittlung des Höchstbetrags der abzugsfähigen Spenden (§ 10b EStG) oder die Ermittlung der Einkünfte und Bezüge eines Kindes (§ 32 Abs. 4 Satz 2 EStG).

- Es sollen damit die Kapitaleinkünfte und Veräußerungsgewinne bis einschließlich 2008 ermittelt werden.

- Wie bisher gilt weiterhin: Ein Kontenabruf ist erst dann erlaubt, wenn ein Auskunftsersuchen an den betroffenen Steuerzahler nicht zum Ziel führt oder keinen Erfolg verspricht.

  Darüber hinaus ist ein Kontenabruf auch möglich, um die Anspruchsvoraussetzungen für Sozialleistungen zu prüfen. Die Abgabenordnung regelt, welche Behörden einen Kontenabruf veranlassen dürfen (§ 93 Abs. 8). Es sind die Ämter mit der Zuständigkeit für

- die Grundsicherung für Arbeitssuchende nach dem SGB II (ALG II),

- die Sozialhilfe nach dem SGB XII,

- die Ausbildungsförderung (BaföG),

- die Aufstiegsfortbildungsförderung,

- das Wohngeld.

- Das zuständige Amt muss das Bundeszentralamt für Steuern bitten, einen Kontenabruf zu veranlassen. Dagegen können Gerichte keinen Kontenabruf mehr initiieren.

Die Änderungen des Kontenabrufs bei Sozialleistungen treten nicht erst 2009, sondern bereits mit der Verkündung der Unternehmenssteuerreform in Kraft. Damit beseitigt der Gesetzgeber gleichzeitig die Mängel am Kontenabrufverfahren, die das Bundesverfassungsgericht in seinem Beschluss vom 13. Juli 2007 festgestellt hatte.

Verlierer

- Finanzplatz, Investitions- und Wohnsitzland Deutschland
- Aktionäre sind die klaren Verlierer der Abgeltungssteuer: Während die Unternehmen steuerlich deutlich entlastet werden (die Gesamtsteuerbelastung der Kapitalgesellschaften wird von bisher 38,65% auf 29,83% gesenkt werden), kommen auf fast alle Aktionäre Mehrbelastungen zu. Dividendenbezieher müssen in Zukunft 100% statt wie bisher nur 50% ihrer Dividendeneinnahmen versteuern. Damit steigt ihre steuerliche Belastung von derzeit maximal 22,5% auf den dann einheitlichen Satz der Abgeltungssteuer von 25% bzw. circa 28% effektiv! Zusätzlich eingeschränkte Verlustverrechnung!
- Besonders hart wird die neue Regelung zudem langfristig orientierte Anleger treffen, die auf substanzstarke Unternehmen setzen, die hohe Dividenden zahlen.
- Besonders betroffen sind Anleger mit mittleren Einkommensteuersätzen.
- Am größten sind die negativen Auswirkungen für Personen, die sich im Vermögensaufbau befinden, da die Renditen für Sparpläne aufgrund der Abgeltungssteuern deutlich sinken!

Gewinner

- In erster Linie Anleger mit hohen Steuersätzen und Anleihenbesitzer!
- Finanzinnovationen und Lebensversicherungsmodelle, ETF's, Dachfonds, Derivatefonds, Riester und Rürup Verträge, Immobilien, Physische Werte
- Auch der Bereich der Devisengeschäfte wird ab 2009 von der Abgeltungssteuer erfasst. Anleger erzielen dann nicht mehr Spekulationsgewinne nach dem bisherigen § 23 EStG, sondern Einkünfte aus Kapitalvermögen im Sinne des § 20 Abs. 2 Nr. 3a EStG in der Fassung des Unternehmensteuerreformgesetzes 2008.
- Durch die Rechtsänderung profitieren künftig auch die Käufer von Fremdwährungsanleihen. Bislang beteiligt sich der Fiskus nicht an Kursverlusten, die durch ungünstige Wechselkursveränderungen neben den Zinserträgen erwirtschaftet werden. Ab 2009 wird ein entstehendes Devisenminus immer anerkannt und kann mit Zinserträgen verrechnet werden.
- Ausländische Banken und Finanzdienstleister!
- Auswanderer, »Wohnsitzverlagerer«, Firmengründer im Ausland

Fazit

- Abgeltungssteuern können ein einfaches und effizientes Verfahren sein, um Erträge des privaten Vermögensbereichs maßvoll zu besteuern. Das zeigen auch andere Länder. Die deutsche Umsetzungsvariante hat leider wesentliche Schwächen.
- Der Steuersatz ist zu hoch (vor allem unter Berücksichtigung von Solidaritätszuschlag und Kirchensteuern), Eigenkapital wird gegenüber Fremdkapital diskriminiert, langfristige Anlagen werden ein-

schließlich Inflation besteuert, nicht gefördert und der private Vermögensaufbau wird generell geschwächt. Vermögensinhaber mit der Bereitschaft, international Risikokapital bereitzustellen (Aktionäre), zählen ebenso zu den Verlierern der deutschen Abgeltungssteuer.

4 Ein Blick über die Grenzen

Der Trend zu Abgeltungssteuern in Europa setzt sich fort

Ich möchte auch auf den Begriff der »Abgeltungssteuer« eingehen, da diese Art der Besteuerung in den unterschiedlichsten Ländern vollkommen verschieden angewandt und ausgelegt wird. Ich sehe die deutsche Version einer Abgeltungssteuer sehr kritisch, vor allem für diejenigen von Ihnen, die noch ein Vermögen aufbauen müssen. Im Prinzip hat die deutsche Abgeltungssteuer diesen Namen gar nicht verdient. Die Abgeltungswirkung bezieht sich eben nicht wie in Österreich beispielsweise auch auf Erbschaft- oder Schenkungsteuern.

Begriff der Flat Tax oder Abgeltungssteuer

Doch was ist nun eine Abgeltungssteuer? Eine so genannte »Flat Tax« (flache Steuer, Abgeltungssteuer) ist eine Besteuerung nach einem Pauschal- oder Einheitssatz. Dabei gibt es in der Praxis keine oder nur ganz beschränkte Möglichkeiten von Abzügen wie beispielsweise Werbungskosten. Dieses Modell steht im Gegensatz zu den progressiven Steuersystemen, bei denen die Steuerbelastung ansteigt, je höher das Einkommen ist.

Österreich – ein erfolgreiches Vorbild mit großen Unterschieden

International haben Länder wie Hongkong, die Schweiz oder auch Österreich schon lange die Vorteile von Abgeltungssteuermodellen erkannt. Als positiver Vergleich wird gerade von Politikern und Befürwortern der deutschen »Flat Tax« oftmals die erfolgreiche Einführung der Abgeltungssteuer in Österreich im Jahre 1993 angeführt. Doch dieser Vergleich ist nicht zulässig, weil in den Details erhebliche Unterschiede zwischen deutscher und österreichischer »Abgeltungssteuer« vorliegen. Die österreichische Steuerbelastung beträgt derzeit ebenfalls 25 %, allerdings hier ohne Solidaritätszuschlag oder Kirchensteuern. Zusätzlich gibt es in der Alpenrepublik drei weitere große Vorteile:

1. Mit der Einführung der Abgeltungssteuer gab es gleichzeitig eine Steueramnestie. Diese führte tatsächlich dazu, dass viele jenseits der Grenze angelegte Gelder wieder auf heimische Banken flossen. Dasselbe hätte auch die Bundesregierung nach dem Megaflop der letzten Steueramnestie machen müssen. So werden Auslandsgelder aufgrund der Einführung der Abgeltungssteuer sicherlich nur in begrenztem Maße wieder zurück nach Deutschland fließen.

2. In Österreich wurde die Spekulationsfrist von einem Jahr trotz Einführung der Abgeltungssteuer beibehalten. Gerade für den Vermögensaufbau zur Altersvorsorge über Sparpläne bedeutet das natürlich einen erheblichen – absolut sinnvollen – Vorteil für unsere Nachbarn. Deutsche Steuerbürger werden hier beim Aufbau der privaten Altersvorsorge klar benachteiligt. Dies wird – bei einer immer älter werdenden Gesellschaft und einem kollabierenden staatlichen Rentensystem – die Gefahr von Versorgungslücken im Alter weiter ansteigen lassen.

3. Mit dem Steuereinbehalt auf Kapitalerträge kommt es gleichzeitig zu einer abgeltenden Wirkung bei der Erbschaftsteuer auf Wertpapiere im Todesfall. Ebenso hat Österreich mittlerweile die Schenkungsteuer abgeschafft. Diese absolut sinnvollen Ausgestaltungen führten im Jahr der Einführung der Abgeltungssteuer in Österreich zu einer Steigerung des Steueraufkommens durch diese Kapitalertragsteuer (KESt) um circa 46 %!

Abgeltungssteuermodelle innerhalb der EU

Innerhalb der EU wird bereits heute von 16 Ländern eine Abgeltungssteuer auf Zinsen und/oder Dividenden erhoben. Davon werden aber nur in Österreich, Polen und Schweden nahezu alle Kapitalerträge (Zinsen und Dividenden) gleich besteuert, wie wir es auch in Deutschland ab 2009 umsetzen werden.

Im Gegensatz dazu erheben die übrigen Staaten Abgeltungssteuern nur auf bestimmte Kapitalerträge oder es kommen unterschiedliche Steuersätze zur Anwendung. Das ist oftmals abhängig von Art oder Quelle der jeweiligen Kapitaleinkünfte. Dabei existieren teilweise komplizierte Mischsysteme (Koexistenzmodelle). Nebeneinander gibt es dabei Quellensteuern mit Anrechnungsmöglichkeiten und Steuerabzüge mit finaler Abgeltungswirkung.

Anders als in Deutschland erfolgt eine Abgeltungssteuer auf Veräußerungsgewinne im Privatvermögen aber nur in Ausnahmefällen. Hier sind drei Länder zu nennen:

1. Griechenland

Hier gibt es eine 20%ige Abgeltungssteuer auf Veräußerungen von Anteilen griechischer GmbHs und Personengesellschaften sowie Geschäftsveräußerungen im Ganzen.

2. Malta

Malta erhebt eine Abgeltungssteuer auf Veräußerungsgewinne aus dem Verkauf von Anteilen einer maltesischen Investmentgesellschaft, die mehr als 15% der Gesamtinvestitionen in ausländische Wertpapiere investiert.

3. Rumänien

Die Abgeltungssteuer bei Veräußerung von Anteilen an Kapitalgesellschaften beträgt 1 %. Die abgeltende Wirkung tritt aber nur ein, wenn die Anteile mindestens ein Jahr gehalten werden. Des Weiteren wenden viele Staaten besondere Steuersätze auf Veräußerungsgewinne im Rahmen der Einkommensteuerveranlagung oder eine Capital Gain Tax (Wertzuwachssteuer) an. Diese Erträge werden dann nicht in die Gesamtbemessungsgrundlage mit progressiven Tarifen einbezogen, sondern für die Besteuerung separat mit einem Abgeltungssteuersatz betrachtet.

Diese Tabelle veranschaulicht die hohe Komplexität und die großen Unterschiede bei den Abgeltungssteuern. Auch innerhalb der EU hat längst ein Standordwettbewerb der Teilnehmerstaaten begonnen, um vermögende Privatpersonen und Investoren mit attraktiven Steuermodellen ins Land zu holen.

Staat	Abgeltungssatz	Einkommenssteuerspitzensatz
Belgien	15/25	53,5
Bulgarien	7/20	24
Finnland	28	50,4
Griechenland	10/20	40
Irland	20	41
Italien	12,5/27	44,15
Litauen	1^5	7
Luxemburg	10/20	38,95
Malta	$10/1^5$	35
Österreich	25	50
Polen	19	40
Portugal	8/15/16/20/25	42
Rumänien	1/16	16
Schweden	30	56,6
Slowakei	19	19
Tschechien	15	32

Übersicht der Steuersätze (%) in anderen EU-Ländern mit Abgeltungsmodellen

Fazit

Der Systemwechsel weg von progressiven Steuertarifen hin zu einem »Flat Tax«-Modell ist an und für sich eine begrüßenswerte Entwicklung. Allerdings ist das deutsche Modell im internationalen Vergleich nicht attraktiv genug und gerade unsere direkten Nachbarländer wie die Schweiz, Österreich oder Luxemburg haben weit bessere, weil attraktivere Modelle.

Wohnsitzverlagerung als Antwort auf die deutsche Abgeltungssteuer!

In der Schweiz beispielsweise gibt es die Möglichkeit, einen festen Steuerbetrag pro Jahr zu zahlen. Dieser Betrag basiert auf Ihren Mietzahlungen (oder auf dem Mietwert Ihres Hauses oder Appartements) und steht nicht in Bezug zu Ihrem tatsächlichen Einkommen oder Vermögen. Es wird nicht einmal von Ihnen erwartet, dass Sie Ihr Einkommen oder Ihr Vermögen angeben.

Diese Steuerregelung basiert auf schweizerischem Bundesrecht und ist daher im ganzen Land möglich. Die Pauschalbesteuerung wird auch als »Steuer nach dem Aufwand« bezeichnet.

Diese Regelung ist eine attraktive Besonderheit des schweizerischen Steuersystems und wird schon seit Jahren von zahlreichen Ausländern – unter denen sich auch viele berühmte Persönlichkeiten wie Michael Schumacher oder Theo Müller (Müller Milch) befinden – in Anspruch genommen.

Eine Erwerbstätigkeit im Ausland ist dabei für die schweizer Pauschalsteuer unschädlich. Es gibt seit dem Inkrafttreten der bilateralen Verträge mit der EU auch zunehmend jüngere Personen, die noch nicht im Ruhestand sind, aber in der Schweiz eine Pauschalsteuer entrichten möchten.

simplified

5 Ein Blick auf das deutsche Modell

Grundlagen und Details der Rechtslage ab 2009

Durch die Abgeltungssteuer eröffnen sich Ihnen eine Vielzahl von neuen Gestaltungsmöglichkeiten, aber natürlich auch Fallstricke. Mit Einführung der Abgeltungssteuer ist ein grundlegendes Know-How über den Systemwechsel im Steuerrecht daher wichtiger denn je für Ihre finanziellen Weichenstellungen in die Zukunft.

Der Systemwechsel bei Kapitaleinkünften

Kapitaleinkünfte im Privatvermögensbereich und Veräußerungsgewinne von Kapitalanlagen werden künftig grundsätzlich mit einer Abgeltungssteuer von 25% belegt, soweit sie nicht anderen Einkunftsarten zuzurechnen sind. Die von inländischen Banken erhobene Kapitalertragsteuer (zuzüglich Solidaritätszuschlag und gegebenenfalls Kirchensteuer) ist dann definitiv, und Ihre Einkommensteuerschuld ist damit abgegolten. Sollte Ihr persönlicher Steuersatz unter dem Abgeltungssteuersatz liegen, können Sie sich »besser stellen« und im Veranlagungswege diesen geringeren Steuersatz auch für Ihre Kapitaleinkünfte geltend machen.

Da die der Abgeltungssteuer unterliegenden Einnahmen grundsätzlich im Steuerbescheid nicht aufgeführt sind und losgelöst von den anderen Einkunftsarten besteuert werden, kommt es zu einem Entlastungseffekt bei Ihren übrigen Einkünften.

Ein Beispiel für die Berechnung der neuen Abgeltungssteuer

In der folgenden Tabelle zeige ich Ihnen an einem konkreten Beispiel den künftigen Ansatz bei der Ermittlung der Abgeltungssteuer und den Unterschied zur derzeitigen Vorgehensweise im bisherigen Steuersystem. Als verheirateter Sparer mit einem sonstigen Einkommen von 75.000 € erzielen Sie jährliche Kapitaleinkünfte in Höhe von 17.000 €.

Steuerrechnung für	2007/2008	ab 2009
Sonstiges Einkommen	75.000 €	75.000 €
Kapitaleinkünfte	17.000 €	17.000 €
Einkommenssteuer*	(auf 92.000 €) 26.317 €	(auf 75.000 €) 19.066 €
Abgeltungssteuer	0 €	(auf 17.000 €) 4.845 €
Steuer insgesamt	26.317 €	23.911 €
Progressionssatz insgesamt	28,6%	25,99%

** inklusive Solidaritätszuschlag und Kirchensteuer*

Unter die Kapitaleinkünfte im Privatvermögensbereich nach § 20 EStG fallen zukünftig deutlich mehr Einnahmen, da auch Veräußerungsgeschäfte von Wertpapieren, Termingeschäfte sowie Stillhalterprämien – unabhängig von Haltefristen durch den Wegfall der Spekulationsfrist – darunter fallen. Das gilt aber auch weiterhin nur, wenn solche Erträge zu keiner anderen Einkunftsart gehören. Die gesonderte Einstufung von Finanzinnovation entfällt.

Das ist ein großer Vorteil, besonders für Garantiezertifikate, Zinszertifikate oder Aktienanleihen, weil diese künftig von der neuen Abgeltungssteuer deutlich profitieren und steuerlich nicht mehr benachteiligt werden. Dabei werden die Kapitaleinnahmen nur noch vorab bei der Auszahlung durch den Einbehalt der Kapitalertragssteuer (hier mit

Abgeltungswirkung, daher auch Abgeltungssteuer) von 25% erfasst, sofern der Freistellungsbetrag überschritten ist. Der bisherige Zinsabschlag entfällt. Dieser Abzug wird anders als derzeit (von wenigen Ausnahmen abgesehen) dann nicht mehr im Rahmen der Steuerveranlagung angerechnet. Es handelt sich also nicht mehr lediglich um eine Vorauszahlung auf Ihre Einkommensteuerschuld, sondern der Einbehalt hat eine abgeltende Wirkung.

Die Abgeltungssteuer ist grundsätzlich auf alle ab 01.01.2009 zufließenden Kapitalerträge im Bereich Ihres Privatvermögens anzuwenden. Der Wegfall des Halbeinkünfteverfahrens gilt ebenso ab 2009 wie das Entfallen des Werbungskostenabzuges und der Wegfall der Spekulationsfrist (Ausnahme: Produkte mit Bestandsschutz). Ab 2009 gilt ein Sparerpauschbetrag von 801 €. Der Werbungskosten-Pauschbetrag entfällt. Ebenso gibt es ab 2009 für die Kirchensteuer im Rahmen der Abgeltungssteuer keinen Sonderausgabenabzug mehr.

simplified

6 Auswirkungen auf Anlageklassen

Nachfolgend stelle ich Ihnen die Systemumstellung anhand einzelner Wertpapierarten dar. Es handelt sich hierbei um eine grobe Übersicht.

Produkt	Aktuelles Recht	Abgeltungssteuer 2009
Abzinsung	Wertpapiere, wie z. B. Zerobonds, oder abgezinste Sparbriefe werden unter ihrem Rückzahlungswert ausgegeben. Der Zinsertrag ergibt sich aus der Differenz von Ausgabe- und höherem Rückzahlungskurs. Dabei kann es je nach Laufzeit und aktuellem Marktzins zu erheblichen Kursabschlägen beim Kauf kommen. Der Kursertrag ist erst bei Fälligkeit oder vorzeitigem Verkauf als Kapitaleinnahme zu versteuern. Dabei gilt grundsätzlich die Differenz zwischen rechnerischem An- und Verkaufspreis als Berechnungsgrundlage (sog. Emissionsrendite). Bemessungsgrundlage für den Zinsabschlag ist demgegenüber die Marktrendite, also der Saldo zwischen tatsächlichem An- und Verkaufspreis.	Generell wird der realisierte Kursertrag ohne Berücksichtigung von Bankspesen dem Pauschalsatz von 25% unterworfen. Die Differenzierung zwischen Emissions- und Marktrendite entfällt, denn es spielt keine Rolle, ob die Kapitaleinnahme aus Zinsen oder Kurserträgen stammt. Kann die Bank den Gewinn etwa bei einem Depotwechsel nicht ermitteln, werden pauschal 30% vom Verkaufspreis angesetzt. Das ist z. B. dann der Fall, wenn die Papiere während der Laufzeit bei verschiedenen Kreditinstituten deponiert waren. Eine Korrektur miti dem richtigen Kursertrag erfolt dann über die Veranlagung zum Abgeltungssteuersatz.
Aktien/Dividenden	Zu den Kapitaleinnahmen gehören die ausgeschütteten Dividenden. Sie werden zur Hälfte besteuert, die anderen 50% der Ausschüttung bleiben steuerfrei (Halbeinkünfteverfahren). Im Gegenzug können Ausgaben, die mit der Aktienanlage zusammenhängen, nur zur Hälfte als Werbungskosten abgezogen werden. Der Sparerfreibetrag wird nur von den steuerpflichtigen Einnahmen abgezogen. Beim Verkauf von Aktien gilt die	Ab 2009 ausgezahlte Dividenden unterliegen in voller Höhe den Abgeltungssatz von 25%. Gleiches gilt für realisierte Verkaufserlöse, sofern die Aktien nach 2008 erworben wurden. Werbungskosten wie die Fahrt zur Hauptversammlung sind nicht abzugsfähig. Vor 2009 geordnete Papiere können unter Anwendung von der Spekulationsfrist weiter steuerfrei bleiben. Erlöse binnen Jahresfrist unterliegen weiterhin der individuellen

Produkt	Aktuelles Recht	Abgeltungssteuer 2009
Aktien/Dividenden	einjährige Spekulationsfrist, soweit das Aktienpaket unter 1% des Stammkapitals beträgt. Auch hier greift das Halbeinkunftsverfahren: Realisierte Gewinne oder Verluste werden nur zur Hälfte erfasst.	Progression, sie sind noch in der Steuererklärung anzugeben. Nachteilig ist die Beschränkung der Verlustverrechnung. Verluste aus der Veräußerung von ab 2009 angeschaften Aktien sind lediglich mit Gewinnen aus Aktienverkäufen verrechenbar.
Aktienanleihen	Sie gelten als Finanzinnovationen, so dass als Kapitaleinnahmen neben den Zinsen auch Kurserträge erfasst werden und ein positives Ergebnis dem Zinsabschlag unterliegt. Damit können Kursverluste unabhängig von Fristen als negative Kapitaleinnahmen geltend gemacht und mit den Zinsen oder anderen Einkünften verrechnet werden.	Die Zinsen werden mit 25% besteuert. Realisierte Verluste dürfen gegengerechnet werden. Ein hiernach noch verbleibendes Minus mindert dann andere positive Kapitaleinnahmen, nicht aber mehr die übrigen Eikünfte. Die Auswirkungen der Abgeltungssteuer sind davon abhängig, ob das Investment erfolgreich war.
Anleihen	Die Zinsen zählen bei Gutschrift zu den Kapitaleinnahmen. Realisierte Kursgewinne und -verluste sind nur im Rahmen eines privaten Veräußerungsgeschäfts und somit binnen Jahresfrist zu erfassen. Zinserträge von Fremdwährungsanleihen werden mit dem in € umgerechneten Kurs bei Zufluss besteuert. Bei Spekulationsgeschäften mit Fremdwährungsanleihen wird die Kursentwicklung der Fremdwährung zwischen Anschaffung und Veräußerung steuerlich berücksichtigt.	Zinsen und Kurserträge werden mit 25% besteuert. Damit kommt es in der Regel zu einem entlastenden Effekt, da der Pauschaltarif unter der Progression liegt und die Zinsen nicht mehr die Steuerlast anderer Einkünfte erhöhen. Bei Fremdwährungspapieren wirken sich Umrechnungsverluste erstmals mindernd aus. Die bisherige Stückzinsregelung bleibt.
Ausland	Generell spielt es keine Rolle, ob Zinsen oder Dividenden von einem inländischen oder ausländischen Schuldner stammen. Beide werden - nach den gleichen Regeln - mit der individuellen Progression als Kapitaleinnahmen besteuert. Lediglich bei geschlossenen Fonds gibt es Unterschiede, die Einkünfte werden bei Sitz jenseits der Grenze meist nur dort besteuert.	Nebenstehende Grundregeln bleiben erhalten. Allerdings unterliegen Auslandsdividenden derzeit nicht der Kapitalertragssteuer, künftig aber der Abgeltungssteuer. Bei der Anrechnung von Quellensteuern kommt es zu einer Verbesserung. Bei geschlossenen Fonds ändert sich generell nichts, sie werden weiterhin im Inland mit dem Progressionsvorbehalt erfasst.

Produkt	Aktuelles Recht	Abgeltungssteuer 2009
Derivate	Hierunter fallen Finanzkontrakte, deren Erfolg sich vom Wert anderer Basisinvestments wie Aktien, Anleihen, Edelmetalle oder Devisen ableitet. Gängige Produkte sind hierbei Zertifikate und Optionsscheine. Grundsätzlich unterliegen Derivate als Termingeschäfte nur im Rahmen von Spekulationsgeschäften (§ 23 EStG) der Besteuerung.	Diese Produkte können nach Ablauf der einjährigen Spekulationsfrist nicht mehr steuerfrei verkauft werden. Die Abgeltungssteuer wirkt auch positiv, da sich das Finanzamt an roten Zahlen länger beteiligt. Das Risiko bei Derivaten wird also künftig steuerlich besser unterstützt.
Festgeld	Bei diesen Termingeldern kann der Investor bestimmen, ob der eingezahlte Geldbetrag zu einem bestimmten Termin oder erst auf besondere Anweisung ausgezahlt wird. Die Festgeldzinsen sind steuerpflichtig und unterliegen dem Zinsabschlag. Bei monatlicher Auszahlung kommt es zwölf Mal zum Einbehalt des Zinsabschlages und damit zu einer Minderung des Zinseszinseffektes.	Bei diesen Geldanlagen ändert sich die individuelle Progression in einen Pauschaltarif von 25%. Kurserträge spielen keine Rolle, so dass der Wegfall der Spekulationsfrist unerheblich ist. Bei Festgeld in ausländischer Währung ist auch ein Devisengewinn bei Umtausch der Fremdwährungsbeträge derzeit als Spekulationsgeschäft steuerpflichtig. Ab 2009 kann ein Verlust hieraus auch mit Zinserträgen verrechnet werden.
Finanzinnovationen (Finanzinnovation ist die Sammelbezeichnung des deutschen Fiskus für Wertpapiere, die steuerpflichtige Zinsen in steuerfreie Kurswgewinne umwandeln sollen.)	Hier wird der Kursertrag neben den laufenden Ausschüttungen als Kapitaleinnahme der Besteuerung unterworfen. Sofern eine Emissionsrendite vorhanden ist, wird der Kurszuwachs nicht erfasst, der auf die Veränderung durch Markteinflüsse entfällt. Eine solche Emissionsrendite haben aber nur Produkte wie abgezinste Anleihen, deren Ertrag bei Ausgabe vorhersehbar ist. Bei den übrigen Wertpapieren sowie generell für alle Finanzinnovationen ist dann die Marktrendite, also der reine Kursertrag, maßgebend.	Maßgebend für die Abgeltungssteuer ist immer nur die Differenz zwischen Verkaufs- und Kaufpreis. Finanzinnovationen werden nicht mehr anders behandelt als Aktien oder Anleihen, so dass die steuerliche Sonderbehandlung entfällt. Bei Fremdwährungspapieren darf der Verlust erstmals verrechnet werden. Negative Einnahmen wirken sich anders als derzeit nur noch im Rahmen der erweiterten Vorschrift des § 20 EStG aus, also nur noch bei positiven Kapitaleinnahmen. Eine Verrechnung mit den übrigen Einkünften ist nicht möglich.

Produkt	Aktuelles Recht	Abgeltungssteuer 2009
Floater	Diese Anleihen bieten eine variable Verzinsung. Der Zinssatz wird in regelmäßigen Abständen an den aktuellen Geldmarktzins angepasst. Die bis zu vier Mal pro Jahr gezahlten Zinsen sind steuerpflichtige Kapitaleinnahmen und unterliegen dem Zinsabschlag. Nach der aktuellen Rechtsprechung handelt es sich nicht um Finanzinnovationen.	Die variablen Zinsen unterliegen dem Abgeltungssatz von 25%, mögliche Kursveränderungen gelten als Kapitaleinnahmen. Diese sind mit Ausnahme einer schlechten Schuldnerbonität aber eher die Ausnahme. Bei Floatern in Fremdwährung wirken sich realisierte Devisenkursverluste positiv aus.
Geschlossene Fonds	Hierbei wird der Anleger Beteiligter an einer Personengesellschaft. Er erzielt meist gewerbliche Einkünfte und bei Immobilienfonds Einkünfte aus Vermietung und Verpachtung (§ 21 EStG). In den Bereich der Kapitaleinnahmen fallen nur wenige Fondsarten wie etwa Private Equity Fonds. Weitergeleitete Dividenden unterliegen dem Halbeinkünfteverfahren mit der individuellen Anlegerprogression. Realisierte Gewinne aus Unternehmensverkäufen und Börsengängen sind steuerfrei, wenn die Haltefrist von einem Jahr abgewartet wird. Lebensversicherungsfonds können ebenfalls Kapitaleinnahmen erzielen. Durch eine ungünstige Berechnung der Bemessungsgrundlage bevorzugen die Fonds aber gewerbliche Einkünfte, so dass bei bestehenden Beteiligungen keine Kapitaleinnahmen vorliegen.	Generell bewirkt die Abgeltungssteuer keine Veränderung. Für Immobilienfonds bleibt die zehnjährige Spekulationsfrist für Immobilien erhalten. Die Gesetzesänderung hat jedoch Einfluss auf Private Equity Fonds. Dividenden unterliegen in voller Höhe dem Abgeltungssatz von 25%. Das gilt auch für Unternehmensverkäufe, sofern die Firmen erst nach 2008 erworben werden. Für den vorherigen Bestand bleibt es bei der zwölfmonatlichen Spekulationsfrist. Aufgrund der neuen Steuerpflicht sinken die Renditen langfristig. Durch eine geänderte und günstigere Rechengröße können Policenfonds künftig auch vermögensverwaltend aktiv werden. Dann unterliegen die realisierten Erlöse nur der 25%igen Abgeltungssteuer. Da der Verkauf gebrauchter Policen steuerpflichtig wird, geben Vesicherte ihre Verträge nicht mehr so günstig ab und verteuern für den Fonds die Einkaufspreise.
GmbH-Anteile	Ausschüttungen der Gesellschaft gelten zur Hälfte als Kapitaleinnahmen (Halbeinkünfteverfahren). Der Verkauf von Anteilen unter 1% am Stammkapital binnen Jahresfrist wird zur Hälfte als Spekulationsgeschäft erfasst. Bei längerer Haltedauer wird der realisierte Gewinn oder Verlust nur zur Hälfte erfasst, wenn es sich um eine Beteiligung von mindestens 1% handelt. Ein Verlust ist mit anderen Einkunftsarten verrechenbar.	Ausschüttungen der Gesellschaft unterliegen in voller Höhe der Abgeltungssteuer. Das gilt auch für den Verkauf der Anteile unabhängig von der Haltedauer, wenn es sich nicht um eine Beteiligung von mindestens 1% handelt. Ansonsten bleiben 40% der realisierten Veräußerungsergebnisses steuerlich unberücksichtigt (Teileinkünfteverfahren). Es liegen dann gewerbliche Einkünfte gemäß § 17 EStG vor.

Produkt	Aktuelles Recht	Abgeltungssteuer 2009
Investmentfonds	Kapitaleinnahmen fallen bei Ausschüttung oder Thesaurierung an. Steuerfrei bleiben im Fonds realisierte Kursgewinne und Terminmarktgeschäfte, unabhängig von Haltefristen (Fondsprivileg). Das gilt auch für Immobilien bei Haltefristen ab zehn Jahren. Der Verkauf der Anteile durch private Anleger ist nach einem Jahr nicht steuerbar. Im Kurs aufgelaufene Zinserträge werden beim Verkauf über den Zwischengewinn besteuert und beim Erwerber als negative Kapitaleinnahmen berücksichtigt.	Schüttet ein Fonds Kursgewinne ab 2009 aus, werden sie ebenfalls pauschal mit 25% erfasst. Insoweit entfällt das Fondsprivileg. Die zehnjährige Spekulationsfrist für Immobilien bleibt, dieser realisierte Erlös kann weiterhin steuerfrei ausgeschüttet werden. Der Verkauf von nach 2008 erworbenen Anteilen unterliegt unabhänigig von Haltefristen der Abgeltungssssteuer. Die Zwischengewinnregelung ändert sich nicht, Verkaufsgeschäfte fließen wie bereits Dividenden nicht in dieser Rechengröße mit ein. Ausländische Investmenterträge unterliegen, da sie zu den Einkünften aus Kapitalvermögen gehören, nicht mehr dem Progressionsvorbehalt.
Kapital-Lebensversicherung	Die Erträge aus einer vor 2005 abgeschlossenen Kapitallebensversicherung bleiben unter bestimmten Voraussetzungen steuerfrei, sonst sind die in der Police aufgelaufenen Zinsen als Kapitaleinnahmen nach dem Rechtsstand 2004 zu versteuern. Neuverträge ab 2005 sind durch das Alterseinkünftegesetz unabhängig von Laufzeiten steuerpflichtig. Die Einnahmen ermitteln sich aus der Differenz zwischen Auszahlungsbetrag und Summe der eingezahlten Beiträge. Beträgt die Laufzeit mindestens zwölf Jahre und ist die Fälligkeit erst ab dem 60. Lebensjahr terminiert, greift das Halbeinkünfteverfahren. 50% der errechneten Einnahmen bleiben damit steuerfrei. Der Verkauf einer gebrauchten Police ist unabhängig vom Abschlussdatum steuerfrei.	Die Regelungen für vor 2004 abgeschlossene Policen ändern sich grundsätzulich nicht. Ausnahme: Gebrauchte Lebensversicherungen. Neuverträge hingegen unterliegen bei Fälligkeit oder vorzeitiger Kündigung dem Abgeltungssatz von 25%, soweit die Laufzeit nicht mindestens zwölf Jahre beträgt und die Fälligkeit erst ab dem 60. Lebensjahr erfolgt. Das wirkt sich positiv aus, besonders bei hohen Auszahlungssummen und langen Laufzeiten. Dann kommt es durch die Einnahmen auch zu keinem Einmaleffekt infolge des Progressionsanstiegs. Die übrigen Einkünfte werden hierdurch nicht belastet. Im Gegensatz zu Aktien bleibt die halbierte Einnahmeerfassung. Neu ist, dass der Verkauf von Verträgen an Dritte ab 2009 steuerpflichtig wird. Das muss aber nicht immer negativ sein, denn hierbei kann es sich auch um ein steuerlich wirksames Verlustgeschäft handeln.

Produkt	Aktuelles Recht	Abgeltungssteuer 2009
Stillhalte-prämien	Diese unterliegen als sonstige Einnahmen § 22 Nr. 3 EStG. Ein Verlust aus der späteren Ausübung kann nicht gegengerechnet werden.	Die Prämien gehören bei Zufluss ab 2009 zu den Kapitaleinnahmen, so dass realisierte Verluste gegengerechnet werden können.
Termingeschäfte	Das Plus oder Minus aus diesen Kurzfristgeschäften wird im Rahmen des § 23 EStG nur binnen Jahesfrist besteuert. Das bleibt auch so für vor 2009 erworbene Optionsscheine, Swaps oder Futures.	Termingeschäfte fallen unter die Kapitaleinnahmen und unterliegen somit der Abgeltungssteuer von 25%. Das gilt bei einem Rechtserwerb ab dem 01.01.2009. Dann sind auch Terminmarktverluste mit Zinserträgen und Dividenden verrechenbar.
Wandelanleihen	Hier hat der Besitzer innerhalb der Laufzeit das Recht, die Anleihe in eine bestimmte Anzahl von Aktien des emittierenden Unternehmens zu wandeln. Der Wandlungsvorgang wird unabhängig von Haltefristen nicht als Kapitaleinnahme oder Veräußerungsgeschäft eingestuft und ist daher nicht steuerbar. Die Zinsen stellen Einnahmen aus Kapitalvermögen dar. Ein steuerpflichtiges privates Veräußerungsgeschäft liegt nur bei Veräußerung der Anleihe innerhalb eines Zeitraumes von zwölf Monaten nach Erwerb der Anleihe oder bei Verkauf der gewandelten Aktien innerhalb eines Jahres nach Ausübung des Wandlungsrechts vor.	Der Wandlungsvorgang selber wird auch 2009 nicht als steuerpflichtiger Vorgang eingestuft. Für nach 2008 erworbene Anleihen kommt es allerdings später unabhängig von Haltefristen bei Verkauf oder Fälligkeit über den Kursertrag zu Kapitaleinnahmen. Das gilt auch für die nach der Wadlung ins Depot gebuchten Aktien.

7 Benachteiligte Zertifikate

Was Sie als Zertifikate-Anleger beachten sollten

Zertifikate sind eine vergleichsweise junge Anlageform in Deutschland. Erst 1989 wurden die ersten Zertifikate emittiert und erlebten seither einen gigantischen Boom. Dies lag vor allem an der großen Innovationskraft und Flexibilität sowie den attraktiven steuerlichen Rahmenbedingungen von Zertifikaten. Doch nun erfahren Zertifikate seitens des Gesetzgebers eine deutliche Benachteiligung gegenüber anderen Anlageformen!

Für Zertifikate (außer sogenannten Finanzinnovationen) gilt eine gravierend kurze Übergangsfrist – ganz im Gegensatz zu Fonds, Aktien oder Anleihen, welche eine unbegrenzte Übergangsfrist haben, solange sie vor dem 31.12.2008 gekauft werden.

Denn Stichtag für die Gnadenfrist bei Zertifikaten ist bereits der 30.06.2009. Wenn Sie jetzt Zertifikate kaufen und nach diesem Datum verkaufen, müssen Sie auf Ihre Kursgewinne 25 % Abgeltungssteuer zahlen. Zertifikate sind also für langfristige Vermögensausrichtungen, welche bei Fonds, Anleihen oder Aktien bei einem Kauf vor dem 31.12.2008 noch langfristig steuerfrei umgesetzt werden können, nicht geeignet. Es sei denn, Sie haben das Zertifikat bereits vor dem 15.03.2007 (Stichtag) gekauft.

Achtung! Finanzinnovationen

Diese Regeln gelten nicht für Zertifikate, die als Finanzinnovation gelten (beispielsweise Garantiezertifikate oder Zinszertifikate). Finanzinnovationen sind derzeit auch außerhalb der Spekulationsfrist mit dem persönlichen Steuersatz und ab dem 01.01.2009 mit dem Abgeltungssteuersatz in Höhe von 25% abgabenpflichtig!

Kauf des Zertifikats	Verkauf/Fälligkeit	Besteuerung
vor dem 15.03.2007	Zeitpunkt unerheblich	alte Regelung*
ab dem 15.03.2007	bis zum 30.06.2009	alte Regelung*
ab dem 15.03.2007	nach dem 30.06.2009	Abgeltungssteuer

** haben Sie als Anleger ein Zertifikat kürzer als ein Jahr gehalten, gilt Ihr persönlicher Steuersatz, ansonsten bleiben die Veräßerungserlöse steuerfrei!*

Übersicht der Regeln für Zertifikate

Die Gewinner unter den Zertifikaten: Garantiezertifikate

Nicht alle Zertifikate gehören somit zu den Verlierern. Besser wird die Besteuerung für Produkte, die am Ende der Laufzeit mindestens die eingezahlte Summe garantieren oder einen festen Ertrag auszahlen. Diese Zertifikate laufen im Steuerjargon unter der Rubrik Finanzinnovationen. Darunter fallen beispielsweise Garantiezertifikate, Zinszertifikate oder Aktienanleihen. Gewinne dieser Produkte müssen Sie heute bereits mit Ihrem persönlichen Einkommensteuersatz versteuern, auch wenn diese außerhalb der Spekulationsfrist anfallen.

Künftig müssen Sie als Anleger derartige Produkte nur noch mit 25% versteuern. Ist Ihr persönlicher Steuersatz also über 25%, zahlen Sie demnach vor allem bei einem hohen individuellen Steuersatz (bis zu 45%) deutlich weniger Steuern als bisher. Außerdem sind Finanzinnovationen nicht von der Übergangsregelung für Zertifikate betroffen. Die für diese Produkte vorteilhafte Abgeltungssteuer greift somit schon ab Januar 2009.

simplified

8 Grundsätzliche Tipps zur Abgeltungssteuer

So konservieren Sie das alte Steuerrecht optimal und nutzen Ausnahmen

Folgende Möglichkeiten sollten Sie nutzen, um für sich das Optimum aus der derzeitigen Lage herauszuholen.

1. Schichten Sie unbedingt bis zum 31.12.2008 möglichst viele Gelder in begünstigte Anlageformen wie beispielsweise Anleihen, Standardaktien, ETFs, Publikums- oder Dachfonds um. Auch bei Zertifikaten, die Sie vor dem 14.03.2007 erworben haben, rate ich Ihnen, sich zu überlegen, diese trotz Steuerfreiheit in ein Alternativprodukt aus dem Fonds- oder ETF-Bereich (Exchange Traded Fonds) umzuschichten. Das müsste ebenfalls bis zum 31.12.2008 geschehen. Ich sehe die Gefahr, dass es vor allem bei einigen aktiv gemanagten Zertifikaten zukünftig zu Auflösungen seitens der Emittenten kommen könnte. Denn das Volumen mancher Zertifikate aus Wirtschaftlichkeitsüberlegungen ist zu gering, und aufgrund der steuerlichen Diskriminierung dieser Produkte dürfte auch der Neugeldzufluss deutlich zurückgehen.

   Gerade im Bereich der Dachfonds oder der ETFs ist das ausstehende Volumen sehr groß. Deshalb sind Fondsschließungen weit unwahrscheinlicher. Vermeiden Sie allerdings kleine Publikumsfonds (Fondsvolumen deutlich unter 20 Millionen €). Konzentrieren Sie sich auf etablierte Produkte – speziell im Vorfeld der Abgeltungssteuer –, die schon über einen längeren Zeitraum am Markt erhältlich sind oder in großem Volumen neu aufgelegt werden. Gerade Zertifikate- bzw. Derivatefonds, die über den steuerprivilegierten Fondsmantel in Einzelzertifikate investieren, bieten attraktive Möglichkeiten.

Sollten Sie beispielsweise Indexzertifikate auf den DAX oder den Eurostoxx im Depot haben, veräußern Sie diese auf jeden Fall und kaufen Sie sich stattdessen einen Indexfonds oder einen entsprechenden ETF auf den jeweiligen Index! Ein zusätzlicher Vorteil ist dabei, dass Sie keinerlei Bonitätsrisiken mehr haben. Fonds sind nämlich im Gegensatz zu Zertifikaten Sondervermögen und keine Inhaberschuldverschreibungen der jeweiligen Bank, die das Zertifikat emittiert.

Unter www.boerse-frankfurt.de können Sie die aktuelle Liste von ETFs, die an der Frankfurter Wertpapierbörse gelistet sind, herunterladen. Unter www.fondsweb.de finden Sie eine ständig aktualisierte Vielzahl von Fonds aus den unterschiedlichsten Segmenten (Aktienfonds, Rentenfonds, Anleihenfonds, Derivatefonds, Dachfonds usw.) mit Performanceangaben, ausführlichen Stammdaten und weiterführenden Informationen zu den jeweiligen Produkten und Fondsgesellschaften.

2. Natürlich ist der Bestandsschutz nicht alles, und falls Sie von den Gewinnaussichten eines Zertifikates überzeugt sind und es kein alternatives Fondsprodukt gibt, kaufen Sie es natürlich. Denn besser, man zahlt 25 % Steuern von einem großen Gewinn als keine Steuern auf kleine Gewinne oder gar Verluste. Aber für langfristige Vermögensausrichtungen gilt aus meiner Sicht: Ab dem 01.01.2008 und bis zum 31.12.2008 sollten Sie generell keine Zertifikate mehr kaufen, falls Sie beabsichtigen, diese länger als ein Jahr zu halten. Sonst nehmen Sie sich die Möglichkeit, steuerfrei in Anlagen mit langfristigem Bestandsschutz zu wechseln!

3. Wählen Sie nach Möglichkeit solche Anlageformen, die über lange Zeit nicht auf der Depotebene umgeschichtet werden müssen. Hier bieten sich vor allem Dachfonds an. Diese können nämlich die enthaltenen Zielfonds aktiv auf der Fondsebene steuerneutral umschichten. Auf der Depotebene würden Sie die Steuerfreiheit durch diese Aktivitäten verlieren, auf der Fondsebene bleiben Sie flexibel und können über die jeweilige Dachfondsauswahl auf Marktveränderungen reagieren – natürlich nur passiv, da Sie auf die Kompetenz des Fondsmanagements angewiesen sind und über die jeweilige Dachfondszusammenstellung nur die Grundausrichtung festlegen können.

4. Wertpapierdepots können Sie auch innerhalb eines Lebensversicherungsmantels führen. Die Vermögensverwaltung ist aufgrund der Gestaltungsmöglichkeiten und Handlungsspielräume bis zum 31.12.2008 durch die Abgeltungssteuer nicht ganz so dramatisch benachteiligt wie der Vermögensaufbau.

   Fonds- oder Zertifikatesparpläne zur langfristigen Altersvorsorge sind die größten Verlierer der Abgeltungssteuer. Sparverträge sollten Sie ab 2009 ebenfalls über Versicherungen nutzen, da hier keine laufende Gewinnbesteuerung erfolgt. Die angefallenen Erträge werden erst bei Auszahlung zu 50% versteuert. Die Bedingung dafür ist, dass Ihr Vertrag mindestens zwölf Jahre läuft und die Auszahlung nach Ihrem 60. Lebensjahr erfolgt. Im Rentenalter zahlen dabei die wenigsten den Spitzensteuersatz, weshalb der Steuervorteil eines Sparplanes über eine Versicherungslösung sehr attraktiv ist.

5. Nutzen Sie aktiv Ausnahmen und Lücken!

Immobilien und Immobilienfonds

Bei Immobilien bleibt es bei der alten Regelung einer Spekulationsfrist von zehn Jahren. Davon profitieren natürlich auch Immobilienfonds, die nach Ablauf dieser Frist ebenfalls steuerfrei bleiben. Eine Übersicht an attraktiven Immobilienfonds finden Sie wieder beispielsweise unter www.fondsweb.de.

Ausländische Grundstücksfonds

Steuerfrei bleiben Erträge aus Grundstücksanlagen im Ausland, mit denen die Bundesrepublik Deutschland im Doppelbesteuerungsabkommen (DBA) die Freistellungsmethode vereinbart hat. Diese Erträge unterliegen jedoch dem persönlichen Progressionsvorbehalt. Demnach werden im Ausland erzielte Erträge zwar nicht besteuert, aber bei der Berechnung des persönlichen Steuersatzes berücksichtigt.

Beim KanAm grundinvest Fonds (ISIN: DE0006791809) blieb die Ausschüttung am 02.10.2006 sogar zu 100% steuerfrei. Die Wertentwicklung der Fondsanteile betrug 2006 6,3%, was wahrlich eine attraktive Nachsteuerrendite ist.

Steueroptimierte Fonds

Sollten Sie als Anleger beispielsweise durch ein Eigenheim bereits in Immobilien übergewichtet sein, bietet sich eine weitere Alternative an: steueroptimierte Fonds! Durch die Reduzierung des Sparerfreibetrags spielen steuerliche Aspekte bei der Geldanlage wieder eine größere Rolle. Steueroptimierte Fonds fanden deshalb zuletzt regen Zulauf. So verfügt der erst im Herbst 2006 aufgelegte Uni Opti 4 (ISIN: LU0262776809) mittlerweile über das beachtliche Volumen von 7,2 Milliarden €. Damit ist er innerhalb von nur wenigen Monaten zum größten Fonds der Union Investment Gruppe aufgestiegen.

Allein im ersten Quartal 2007 sind dem Fonds neue Mittel in Höhe von 3,3 Milliarden € zugeflossen. Und die Mittelzuflüsse halten nach wie vor an. Der Fonds ist so konzipiert, dass die steuerpflichtigen Erträge und Kursgewinne bei Ihnen als Investor möglichst gering sind. Gleichzeitig zeichnet er sich durch geringe Wertschwankungen aus. Damit ist der Uni Opti 4 vor allem für Sie als sicherheitsorientierten Anleger geeignet. Das Fondsvermögen wird überwiegend in internationale, niedrigverzinsliche Anlagen mir kurzen Restlaufzeiten investiert. Dabei versucht das Management, steuerpflichtige Zinserträge zu vermeiden. Steuerfreie Erträge werden dagegen insbesondere aus Veräußerungsgewinnen generiert, welche auf Fondsebene steuerfrei realisiert werden können. Ziel des Fonds ist es, eine geldmarktähnliche Wertentwicklung mit dem Fokus auf eine möglichst hohe Nachsteuerrendite darzustellen. Angestrebt werden 3%. Mit einer Wertentwicklung von 1,43% in den letzten sechs Monaten wurde dies kürzlich fast erreicht.

Als Anleger des Uni Opti 4 erhalten Sie vierteljährliche Ausschüttungen. Bei einer der letzten Ausschüttungen wurden beispielsweise 74 Cent je Anteilschein ausgeschüttet. Davon waren für Sie als Anleger nur 5 Cent steuerpflichtig. Dieses Produkt eignet sich somit als Alternative für Festgelder.

Geschlossene Schiffsfonds

Auch ab dem 01.01.2009 fallen geschlossene Schiffsfonds nicht unter die 25%ige Abgeltungssteuer. Zeichner von Schiffsbeteiligungen sind Mitunternehmer und erzielen somit Einkünfte aus Gewerbebetrieb. Interessant bei dieser Art von geschlossenen Fonds ist, dass die reguläre Gewinnermittlung für Seeschiffe unter bestimmten Voraussetzungen durch die Tonnagebesteuerung (sogenannte »Tonnagesteuer«) ersetzt werden kann.

Dabei wird das steuerliche Ergebnis auf Grundlage der Schiffsgröße und der Betriebstage ermittelt. Bei dieser pauschalen Gewinnermittlungsart entstehen geringfügig positive steuerliche Ergebnisse. Diese sind unabhängig vom tatsächlichen Gewinn, den das Schiff am Markt erwirtschaftet, zu versteuern.

Die Steuerzahlungen des Anlegers fallen auf Grund der Tonnagebesteuerung also sehr gering aus. Bezogen auf die Beteiligungshöhe beträgt der pauschal ermittelte Gewinn bei einem Schiffsfonds rund 0,5%. Bei einer Beteiligung von 100.000 € und einer daraus resultierenden jährlichen Ausschüttung von beispielsweise 8.000 € (= 8% bezogen auf die Beteiligungssumme) ergibt sich ein steuerlicher Gewinn von ca. 500 €, der beim Spitzensteuersatz zu einer Steuerzahlung von knapp 225 € führt.

Riester- und Rürup-Rente

Fondssparpläne innerhalb der staatlich geförderten Altersvorsorge werden ebenfalls zu den Gewinnern der neuen Besteuerung zählen, da sie nicht von der Abgeltungssteuer betroffen sind und weitere Vergünstigungen bieten. Zwar wird auch innerhalb dieser Modelle die später ausgezahlte Rente zum persönlichen Steuersatz versteuert (nachgelagerte Besteuerung), aber dafür sind die Einzahlungen steuerfrei und die Steuersätze in Ihrer Rentenzeit mit hoher Wahrscheinlichkeit niedriger als die Abgeltungssteuersätze auf einen normalen Fondssparplan.

Physische Edelmetalle – Zertifikate oder Fonds statt Aktien

Wenn Sie sich im Edelmetallmarkt engagieren möchten, bietet sich Ihnen eine große Produktauswahl. Sie reicht von physischem Gold, Silber, Palladium oder Platin in Form von Barren oder Münzen über ein Metallkonto, Wertpapieren wie Zertifikate bzw. Edelmetallfonds und Minenaktien bis hin zu Optionsscheinen oder Futures auf die jeweiligen Rohstoffe.

In Deutschland ist der Kauf von Gold mittlerweile mehrwertsteuerfrei, jedoch ist die Lagerung über ein Bankschließfach oder zu Hause aus meiner Sicht nicht unbedingt empfehlenswert, und es gibt gerade in Österreich und der Schweiz Banken, bei denen Sie sich die Edelmetalle in Ihr Wertpapierdepot einbuchen lassen können. Da diese physischen Werte keine Wertpapiere sind, fallen Münzen und Barren auch nicht unter die Abgeltungssteuer.

Gold, Silber, Palladium und Platin – Münzen und Barren können Sie sich auch direkt ins Depot legen

Das klassische Gold-Investment ist der Kauf von Goldbarren oder Münzen. Goldbarren werden entweder in Gramm oder in Unzen gemessen. Die gebräuchlichste internationale Einheit bei Barren ist die Feinunze (31,1 Gramm). In Deutschland werden die Barren häufig in Gramm angeboten. Hier reicht das Angebot von fünf bis tausend Gramm. Bei Goldbarren, die in Unzen gemessen werden, geht die Stückelung von einer viertel Unze bis zu 100 Unzen.

Bei Goldmünzen unterscheidet man zwischen klassischen Anlagemünzen und den Münzen für Sammler. Die bekanntesten Anlagemünzen sind der südafrikanische Krügerrand, der kanadische Maple Leaf und der American Eagle.

Bei den Sammlermünzen konnte der Gold-€, der 2002 herausgegeben wurde, eine erhebliche Wertsteigerung erfahren. Das ist bei Sammlermünzen oft der Fall, weil sie in einer geringen Auflage angeboten werden. Allerdings notieren Goldmünzen teilweise erheblich über ihrem reinen Materialwert. Sie haben daher einen nicht unerheblichen ideellen Wert, der oftmals wesentlich stärker schwankt als der Materialwert, was aber auch eine zusätzliche Chance sein kann.

Das Edelmetalldepot ist eine perfekte Alternative

Wenn Sie sich nicht mit Barren oder Münzen in Ihrem Bankschließfach oder Ihrem Haus belasten wollen, dann gibt es Alternativen für Sie. Eine davon ist das sogenannte Gold- oder Edelmetaldepot. Hier zahlen Sie als Investor auf Ihr Konto ein und können dann Barren oder Münzen direkt in Ihr Depot einbuchen lassen. In diesem Fall wird Ihnen das Gold also nicht ausgehändigt. Ihr Edelmetalldepot funktioniert dabei ähnlich wie ein Fremdwährungskonto. Die Bank, bei der das Depot geführt wird, erwirbt den Goldbestand für Sie als Kunden. Auf Wunsch können Sie sich natürlich die erworbenen Münzen oder Barren auch ausliefern lassen. Haben Sie Barren oder Münzen schon physisch zu Hause oder in einem Schließfach, können Sie diese auch von den Banken ankaufen und dann in Ihr Depot einbuchen lassen.

Bei diesen Banken können Edelmetalldepots geführt werden

Beim Thema Edelmetalldepots kann ich vor allem in Österreich Banken empfehlen, die auch Depotführungsmöglichkeiten in der Schweiz anbieten.

Österreich

- Volksbank im Kleinwalsertal
- Bankhaus Jungholz

- Direktanlage in Österreich (Raiffeisenbank Reutte)

Schweiz

- Bankhaus Jungholz (Schweiz) AG

Barren oder Münzen?

Eine Investition in Edelmetalle, ob Gold, Silber, Platin oder Palladium, kann in Form von Barren und in Münzen erfolgen. Letztere werden auch als Anlagemünzen bezeichnet.

Im Gegensatz zum klassischen Münzsammler sind Motive und Auflagen von Anlagemünzen zweitrangig, da Sie als Investor das Edelmetall nahe am Materialpreis erwerben möchten. Im Gegensatz zu Barren sind alle Anlagemünzen, ob nun mit oder ohne aufgeprägtem Nennwert, offizielles Zahlungsmittel im jeweiligen Herkunftsland. Edelmetalle sind einerseits ein begehrtes Sammelobjekt, anderseits eine alternative Sachwertanlage im Rahmen einer breit gestreuten Kapitalanlage. Das konservative Anlagedenken aus den praktischen Erfahrungen nach Weltkriegen, Wirtschaftskrisen und Inflationsjahren hat Besitzern in jedem Jahrhundert der Menschheitsgeschichte vor Geldentwertungen und Bankrott beschützt. Edelmetalle waren und sind das Wertaufbewahrungsmittel schlechthin, das in jedem Land der Welt akzeptiert wird.

Lassen Sie sich Anlagemünzen in Ihr Depot buchen!

Anlagemünzen sind im Prinzip Barren in Münzform. Die erste erschien im Jahre 1967. Drei Jahre später begann die Massenprägung des Krügerrands in großen Stückzahlen. In den 80er Jahren folgten andere Länder, die zudem einen Nennwert aufprägten. Mit einem Gesamtanteil von ca. 50% ist der Krügerrand Marktführer. Während diese Münze einen minimalen, historisch begründeten Preisabschlag hat, hat der Panda (chinesische Anlagemünze) einen kleinen Aufschlag. Sind andere Metalle (z.B. Kupfer) dem Gold als Legierung beigemischt, erhält die Münze ihre charakteristische Färbung (z.B. Krügerrand, Britannia, American Eagle). Legierungen erhöhen aber auch die Festigkeit einer Goldmünze und machen sie weniger anfällig gegen Kratzer. Gängige Größen sind Stücke

Barren, die Sie sich in Ihr Depot buchen können:	Goldbatten 250 Gramm Goldbarren 1000 Gramm
	Silberbarren 1000 Gramm
	Platinbarren 100 Gramm Platinbarren 500 Gramm
	Palladiumbarren 500 Gramm Palladiumbarren 1000 Gramm
Anlagemünzen, die Sie sich in Ihr Depot buchen können:	GOLD
	1 UZ Känguru/Nugget
	1 UZ Maple Leaf
	1 UZ Britannia
	1 UZ Philharmoniker
	1 UZ Krügerrand
	1 UZ American Eagle
	1 UZ China Panda
	SILBER
	1 KG Lunar (30 $ Drache, Schwein, Hund oder Pferd)
	1 KG Kookaburra
	1 KG Panda (300 Yuan)
Sammlermünzen (historische Münzen), die Sie sich in Ihr Depot buchen können:	100 Österreichische Kronen (Gold)
	20 Österreichische Kronen (Gold)
	2000 Schilling (Gold)
	20 SFRS Vrenli (Gold)
	4er Dukaten Österreich (Gold)
	1er Dukaten Österreich (Gold)

zu einer Unze bis einer Viertel Unze, wobei generell gilt: Je kleiner eine Münze, desto höher ist der Aufpreis zum Gold. Also kaufen Sie am besten große Einheiten, bei Gold ab einer Unze und bei Silber ab einem Kilo.

Wertpapiere mit fiktiver ausländischer Quellensteuer

Einen Sonderfall stellt die Anrechnung fiktiver ausländischer Quellensteuern dar. Diese Anrechnung gilt für eine Reihe von Entwicklungsländern, aber auch für Portugal, die Türkei, China oder Indien. Bei Anleihen aus solchen Ländern werden zwischen 5% und 20% der Zinsen oder Dividenden als fiktive Abgabe mit Ihrer eigenen Steuerschuld verrechnet, obwohl sie gar nicht anfällt. Das Risiko ist dabei meistens auf die Bonität des Staates begrenzt, weil diese Papiere in € notieren. Durch den Steuervorteil erhalten Sie als Anleger dann vom Finanzamt praktisch einen Renditezuschuss.

Ich möchte außerdem noch besonders darauf hinweisen, dass trotz der Verabschiedung durch Bundestag und Bundesrat eine langfristige Rechtssicherheit in Deutschland aus meiner Sicht leider eine Illusion ist. Für Ihre Finanzplanung sollten Sie einfach auch Überraschungen und Änderungen einkalkulieren, weil unsere Steuerpolitik leider so beständig und nachhaltig wie eine Fahne im Wind ist.

B) Lösungsmodelle für die Abgeltungssteuer

Durch den Systemwechsel von der Progressionsbesteuerung hin zur Pauschalbesteuerung wird das Jahr 2009 grundlegende Veränderungen für Ihre Investitionsentscheidungen bringen. In der Vergangenheit mühsam gelernte Begriffe und Zusammenhänge wie »Spekulationsfristen« oder »Halbeinkünfteverfahren« müssen und dürfen Sie dann auch getrost wieder vergessen.

Ich sehe die Einführung der Abgeltungssteuer in Deutschland natürlich sehr kritisch. Der eigentlich sehr guten Idee der Entbürokratisierung und Vereinfachung des komplizierten deutschen Steuerrechtes und der steuerlichen Angleichung aller privaten Kapitalerträge wird die Einführung der Abgeltungssteuer in der jetzigen Form aber in keiner Weise gerecht. Der größte Kritikpunkt meinerseits ist jedoch die wirklich dramatische Verschlechterung der Rahmenbedingungen des für unsere Gesellschaft so wichtigen privaten Vermögensaufbaus. Trotzdem bringt uns Jammern und das Suchen nach Gründen für diese Entwicklung nicht weiter. Suchen und finden wir lieber Wege, optimal mit der neuen Situation umzugehen.

Die deutsche Abgeltungssteuer ist ein Gesetz – wer sich Gesetzen nicht beugen will, muss die Gegend verlassen, in der sie gelten.

Der »extremste« Weg, die – deutsche – Abgeltungssteuer zu vermeiden, ist eine Verlagerung des Steuerwohnsitzes. Aus vielen Gesprächen ist mir bekannt, dass dieser Weg gerade für die jüngeren Generationen, aber auch für den Altersruhesitz der Generation 50plus immer mehr zu einer Alternative wird. Ich möchte mich aber vor allem auch mit Wegen und Möglichkeiten beschäftigen, die gangbar sind, ohne, dass Sie Ihr Heimatland verlassen müssen.

simplified

9 Lebensversicherungsmäntel

9.1 Steuerstrategie

Nutzen Sie die Steuervorteile durch die »Ummantelung« Ihres Wertpapierdepots

Bei einem Versicherungsmantel wird eine Kapitalanlage – beispielsweise in Form eines bestehenden Wertpapierdepots oder einzelner Anlageinstrumente wie Aktien, Anleihen oder Zertifikate – in die rechtliche Struktur einer Lebensversicherung eingebracht. Versicherungsmäntel wurden schon in der Vergangenheit von Banken vor allem für sehr vermögende Privatkunden zur Steueroptimierung sowie zur Erbplanung und Vermögensübertragung eingesetzt.

Ummantelung – Eine bereits bewährte Strategie für die EU-Quellensteuer

Die Strategie, Wertpapierdepots nicht wie gewöhnlich als Bankdepot auf den eigenen Namen, sondern in einem anderen Steuersubjekt (Rechtsstruktur einer juristischen Person) zu führen, ist vor allem bei Auslandsbanken unter dem Namen »Depot-Wrapper« ein beliebtes Instrument, um die EU-Zinssteuer für Anleihen zu umgehen.

Banken in Österreich, der Schweiz, Liechtenstein oder Luxemburg machen ja keine Kontrollmitteilungen, sondern haben auch weiterhin ein intaktes Bankgeheimnis. Im Gegenzug müssen Banken aus diesen Ländern jedoch eine sogenannte EU-Quellensteuer abführen, die seit 01.01.2008 25% beträgt.

Diese auch unter dem Namen EU-Zinssteuer bekannte Steuer gilt jedoch nur für Wertpapierdepots, die auf natürliche Personen lauten, also beispielsweise ein Wertpapierdepot, das Sie bei einer Schweizer Bank auf Ihren Namen führen. Juristische Personen wie Stiftungen, Aktiengesellschaften oder Trusts sind davon nicht betroffen.

Lebensversicherungen sind ebenfalls juristische Personen, deshalb waren Lebensversicherungsmäntel bereits ein beliebtes Strukturierungsmodell, um die EU-Zinssteuer zu umgehen. Und zur Umgehung der Abgeltungssteuer werden diese Mäntel nun auch eines der besten Optimierungsmodelle.

Welche Partner benötigen Sie für Ihren persönlichen Lebensversicherungsmantel?

1. Sie benötigen eine Depotbank. Hier werden Ihre in den Versicherungsmantel eingebrachten Wertpapiere im Namen der Versicherung gehalten. Die Depotbank kann im Übrigen auch Ihre Hausbank oder ein für Transaktionen kostengünstiger Discountbroker sein.

2. Sie benötigen eine Versicherungsgesellschaft, die Ihnen den Depotmantel zur Verfügung stellt.

3. Sie müssen einen Vermögensverwalter oder eine Bank damit beauftragen, den Aufbau und das Management des Mantels vorzunehmen. Viele Banken und Vermögensverwalter haben hier natürlich entsprechende Modelle und Kooperationen mit Lebensversicherungsgesellschaften, so dass Sie in der Praxis Ihre Vermögensverwalter als Hauptansprechpartner haben.

Der Aufbau eines solchen Lebensversicherungsmantels ist also in der Praxis recht einfach, und Sie haben dennoch Einfluss auf die konkrete Anlagestrategie oder Produktauswahl. Zunächst ist die Auswahl eines geeigneten Versicherers nötig. Hierbei sollten Gesellschaften gewählt werden, die ein möglichst großes Wertpapierspektrum anbieten und gleichzeitig moderate Kosten aufweisen.

Die Gesellschaft eröffnet dann das Wertpapierdepot, weil sie der Depotinhaber sein muss. Anschließend können Ihre Einzahlungen erfolgen, sogar Depotüberträge bestehender Wertpapierdepots sind als Einzahlungsvariante möglich. Bedenken Sie, dass ein Vermögensverwalter während der Vertragslaufzeit darauf achten muss, dass die vom Kunden gewünschten Wertpapiere zur anfangs angewählten Anlagestrategie passend sind. Transaktionen können aber im Prinzip auch online an den Vermögensverwalter übermittelt werden, der diese dann umsetzt.

Anbieteradressen aus Luxemburg, Liechtenstein und England

Weiter unten finden Sie eine Übersicht und Kontaktmöglichkeiten zu zahlreichen ausländischen Anbietern von Lebensversicherungen.

Empfehlen kann ich Ihnen beispielsweise ein neues Angebot des Schweizer Discountbrokers Tradejet (**www.tradejet.ch**), das dieser in Zusammenarbeit mit einer luxemburgischen oder liechtensteinischen Versicherungsgesellschaft und zwischengeschalteten Vermögensverwaltern offeriert.

Anbieteradressen für Lebensversicherungsmäntel

Liechtenstein
www.cslife.li • www.valorlife.li • www.prismalife.li
www.swisslife.li • www.vienna-life.li
www.sp-versicherung.li • www.skandia.li
www.quantum.li • www.plenum.li
www.fortuna.li • www.aspecta.li

Luxemburg
www.foyer.lu • www.aspecta.lu
www.investlife.lu • www.axa.lu • www.ruv.lu
www.lombard.lu • www.atlanticlux.lu
www.vorsorge-leben.lu

Großbritannien
www.clericalmedical.com • www.canadalife.de
www.standardlife.de • www.royal-london.co.uk
www.mgminternational.ie • www.legal-undgeneral.
de • www.friendsprovident.co.uk

9.2 Versicherungsmäntel

Drei grundlegende Überlegungen, die Sie bei Lebensversicherungsmänteln beachten sollten

Wo liegt in Deutschland mehr Geld als auf Bankkonten? In Lebensversicherungen! Und das im Übrigen aus guten Gründen. Als Anleger haben Sie einen niedrigen und einfachen Steuersatz, die Versicherungsgesellschaften übernehmen die Verwaltung Ihres Vermögens und auch ein Steuerberater ist nicht mehr erforderlich, da der Versicherungsmantel nicht in der jährlichen Steuererklärung berücksichtigt werden muss.

Das Problem ist, dass Lebensversicherungen in Deutschland starr, intransparent und oftmals zu teuer sind. Dank des EU-Binnenmarktes können Sie heutzutage aber auf die besseren Alternativen aus manch anderen EU-Ländern zurückgreifen.

TIPP

Denken und handeln Sie auch hier grenzüberschreitend. Gerade Anbieter aus Großbritannien, Luxemburg, Liechtenstein oder Irland haben interessante Angebote, die in Deutschland – aufgrund des freien Dienstleistungsverkehrs in Europa – grundsätzlich steuerlich anzuerkennen sind.

ACHTUNG!

Seien Sie aber vorsichtig! Wo Licht ist, ist auch Schatten. Schlechten Lebensversicherungsverträgen von ausländischen Versicherern droht unter Umständen in Deutschland die Qualifizierung als sogenannter »atypischer Sparvertrag«. Dieser würde dann steuerrechtlich wie ein Bankdepot behandelt werden. Sie würden dann alle Steuervorteile bei den noch erhöhten Kosten der Versicherungsstruktur verlieren.

Ich sehe für die Zukunft zudem die Gefahr, dass der Gesetzgeber – wie bei den Luxemburg-Fonds oder den Zertifikaten bereits geschehen – die gegenwärtig bestehenden, sehr interessanten Gestaltungsspielräume von fondsgebundenen Lebensversicherungsverträgen (deren Vorteile bei richtiger Gestaltung weit über die schlichte Vermeidung der Abgeltungssteuer hinausgehen) beschneiden könnte. Vor allem aber dürften in Zukunft ausländische Modelle stärker unter die Lupe genommen werden. Deshalb ist es wichtig, dass Sie vor allem drei grundlegende Dinge beachten:

Drei grundlegende Überlegungen für Ihren Versicherungsmantel

1. Schalten Sie immer eine Bank oder einen Vermögensverwalter dazwischen. Das bedeutet, dass Sie nicht selbst einen direkten Zugriff – zumindest nach außen hin – auf Ihr Wertpapierdepot haben sollten.

2. Sie sollten nicht selbst gleichzeitig Versicherungsnehmer und Begünstigter sein.

3. Denken Sie daran: Lebensversicherungen sind deswegen vom Fiskus privilegiert, weil es Vorsorgeprodukte sind oder sein sollen. Ein Lebensversicherungsmantel mit 100 % Optionsscheinen ist zwar bei einigen Anbietern möglich. Ob dies jedoch Sinn macht, wage ich zu bezweifeln.

Aus Gründen der Administration sind Lebensversicherungsmäntel aus meiner Sicht ebenfalls nicht für ein sehr aktives Umschichten (beispielsweise mehrere Käufe und Verkäufe pro Tag) geeignet. Außerdem laufen Sie Gefahr, dass eine solche Struktur eines Tages als Umgehungstatbestand oder Gestaltungsmissbrauch ausgelegt werden könnte.

Da diese Thematik vielleicht erst in vielen Jahren bei Fälligkeit der Verträge akut wird, fragen Sie im Zweifel Ihren Steuerberater oder Rechtsanwalt vor dem Abschluss ausländischer Versicherungsverträge. Und vertrauen Sie bitte nicht blind den Aussagen eines Versicherungsvertreters, einer Bank oder einer Versicherungsgesellschaft, die am Absatz ihrer Produkte interessiert sind! Erfahrungsgemäß kennen viele ausländische Versicherer die Untiefen der deutschen Versicherungsbesteuerung nicht – und genau da steckt der Teufel im Detail.

9.3 Besteuerung von Versicherungen

So wirkt sich die Abgeltungssteuer bei Lebensversicherungen aus

Die Einführung der Abgeltungssteuer wird kapitalbildenden Lebensversicherungen zu einem neuen Boom verhelfen. Vor allem die Flexibilität der Lebensversicherungsprodukte – gerade auch im Vergleich zur Riester- oder Rürup-Rente – sind ein großer Vorteil, wie zum Beispiel die vollständige und steuerfreie Vererbbarkeit, die Beleihungsmöglichkeiten, die Begünstigtenregelungen, die einfache Übertragbarkeit oder Verkaufsmöglichkeiten vor Ablauf.

Aber welche Folgen bringt die Abgeltungssteuer für Versicherungsprodukte mit sich und worauf müssen Sie achten?

1. Neuverträge mit Abschluss nach dem 31.12.2004

Erträge aus Lebensversicherungen und privaten Rentenversicherungen mit einmaliger Kapitalauszahlung sind bei Fälligkeit und im Erlebensfall der versicherten Person voll steuerpflichtig. Die Differenz aus der Versicherungsleistung und den bis dahin eingezahlten Beiträgen sind als Einkünfte aus Kapitalvermögen zu versteuern. Die Versteuerung der Erträge erfolgt in voller Höhe nach dem persönlichen Einkommensteuersatz.

Mit Einführung der Abgeltungssteuer zum 01.01.2009 werden die Erträge Ihrer Versicherung mit einer einheitlichen Steuer von 25% (zuzüglich Solidaritätszuschlag und gegebenenfalls Kirchensteuer) abgegolten.

Falls die Versicherungssumme frühestens im Alter von 60 Jahren fällig wird und die Versicherungslaufzeit mindestens zwölf Jahre beträgt, ist nur die Hälfte Ihrer Erträge steuerpflichtig. Es trifft also zu, dass Lebensversicherungen zukünftig das einzige Anlageprodukt sind, bei dem das Halbeinkünfteverfahren unter diesen Voraussetzungen weiter zur Anwendung kommt. Auch nach dem 31.12.2008 sind in diesem Fall die Zuwächse nur zur Hälfte mit 50% und Ihrem persönlichen Steuersatz zu versteuern. Die Abgeltungssteuer kommt damit nicht zur Anwendung.

2. Altverträge mit Abschluss vor dem 01.01.2005

Sollten Sie einen Versicherungsvertrag haben, den Sie vor dem 01.01.2005 abgeschlossen haben, können Sie sich freuen, weil hier eine Bestandsschutzregelung zur Anwendung kommt.

Bei Kapitallebensversicherungen auf den Erlebensfall und Rentenversicherungen mit Kapitalwahlrecht mit Vertragsabschluss vor dem 01.01.2005 sind und bleiben Ihre Erträge unter folgenden Bedingungen vollkommen steuerfrei:

- **die Versicherungslaufzeit beträgt mindestens zwölf Jahre und**

- **die laufende, regelmäßige Beitragszahlung beträgt mindestens fünf Jahre und**

- **der Todesfallschutz bei kapitalbildenden Lebensversicherungen, mit Abschluss nach dem 31.03.1996, beträgt mindestens 60%.**

Rentenzahlungen werden weiterhin mit dem Ertragsanteil besteuert. Für einen 65-Jährigen beträgt der Ertragsanteil nur 18%. Sprich: Nur 18% der Rente müssen mit dem persönlichen Steuersatz versteuert werden.

TIPP

Leider werden gerade Lebensversicherungsverträge oftmals frühzeitig und mit hohen Verlusten - wegen der Kostenbelastungen zum Versicherungsbeginn - aufgelöst. Aufgrund der attraktiven Bestandsschutzregelung und der damit verbundenen kompletten Steuerfreiheit sollten Sie keinesfalls Altverträge, die Sie vor dem 01.01.2005 abgeschlossen haben, auflösen. Geben Sie diese Steuervorteile nicht auf und stellen Sie bei Liquiditätsproblemen die Versicherung besser beitragsfrei! Beim Liquiditätsbedarf sollten Sie des Weiteren vor Auflösung dieser Verträge versuchen, andere - steuerlich nicht konservierte - Vermögenswerte vorher zu liquidieren.

Ein Verkauf der Lebensversicherung ist auch häufig die bessere Alternative zur Kündigung. Aber auch hier sollten Sie eine wichtige Änderung beachten: Beim Verkauf einer Lebensversicherung vor Ablauf der Zwölf-Jahres-Frist wird ab 2009 dann ebenfalls die Abgeltungssteuer in Höhe von 25% fällig. Nach alter bzw. derzeitiger Rechtslage gilt dies lediglich bei einer Kündigung innerhalb der ersten zwölf Jahre. Sollten Sie sich also wirklich - gut überlegt - von Ihrem Altvertrag trennen wollen, sollten Sie den Verkauf noch vor dem 31.12.2008 vornehmen.

9.4 Anti-Abgeltungssteuer-Strategie

Die sieben entscheidenden Vorteile von Lebensversicherungsmänteln im neuen Steuerrecht

Sowohl neu beginnende als auch bestehende Kapitalanlagen können Sie auch nach 2009 in Lebensversicherungsmäntel überführen. Dabei bieten gerade ausländische Lebensversicherungsgesellschaften noch weitere Vorteile neben der generellen Abgeltungssteuerfreiheit.

1. Steuerliche Optimierung - Keine Abgeltungssteuer

Lebens- und Rentenversicherungen unterliegen während ihrer Laufzeit nicht der Abgeltungssteuer. Die Umschichtungen Ihres eingebrachten Wertpapierdepots können abgeltungssteuerfrei getätigt werden. In der jährlichen Einkommensteuererklärung brauchen Sie die Erträge ebenfalls nicht anzugeben. Das hat zur Folge, dass erst bei Entnahme der anteilige Gewinn jeder Auszahlung zu versteuern ist. Liegt der Entnahmezeitpunkt nach Ihrem 60. Lebensjahr und läuft Ihre Versicherung mindestens zwölf Jahre, können Sie die Hälfte, also 50% der anteiligen Gewinne sogar steuerfrei vereinnahmen. Im Todesfall der versicherten Person ist die Auszahlung komplett steuerfrei. Die Abgeltungssteuer lässt sich auf diese Weise umgehen, weil keinerlei steuerschädliche Zuflüsse während der Laufzeit generiert werden.

2. Flexible und freie Anlagemöglichkeiten für Ihr Wertpapierdepot

Innovative Mantellösungen gerade von Anbietern aus Luxemburg oder Liechtenstein bieten Ihnen als Anleger die Chance, Ihre individuellen Anlagestrategien wie bisher weiterzuführen. Ihnen steht das komplette Spektrum an börsengehandelten Investmentprodukten von Aktien, Fonds, Anleihen oder Zertifikaten zur Verfügung.

3. Keine steuerpflichtigen Spekulationsgewinne nach 2009

Transaktionen innerhalb des Depots bleiben von der Abgeltungssteuer unberührt.

4. Weniger Bürokratie und Administrationsaufwand

Der Verwaltungsaufwand wird reduziert, weil im Idealfall ein Großteil der mittel- bis langfristigen Anlagen in der Lebensversicherung gehalten wird. Zinsbescheinigungen und Dividendenaufstellungen sind somit nicht mehr einzeln aufzuführen und zu sammeln.

5. Kein Sparerfreibetrag und keine Begrenzung der Werbungskosten

Keine begrenzte Abzugsfähigkeit für Verwaltungskosten, Gebühren, Transaktionskosten der Geldanlage. Sie sind zu 100% steuermindernd. Verwaltungs- und Transaktionskosten werden direkt mit der Wertentwicklung der Geldanlage verrechnet und bleiben so indirekt »steuerlich absetzbar«. Denken Sie daran: Es gibt künftig keine Anrechnung von Werbungskosten über den Sparerpauschbetrag in Höhe von 801 € hinaus, auch nicht wie bisher mit Einzelnachweisen. Die Vermögensverwaltungsgebühren Ihres normalen Bankdepots können Sie zukünftig also nicht mehr absetzen – im Lebensversicherungsmantel jedoch sehr wohl.

Allein das dürfte ca. 1-1,5% Renditevorteil ausmachen bzw. den Kostennachteil des Versicherungsmantels reduzieren.

6. Komplette Steuerfreiheit im Todesfall

Die Wahrscheinlichkeit, dass Menschen sterben, liegt genau bei 100%. Eine bessere Kalkulationsgrundlage gibt es in der Finanzmathematik nicht. Der Tod sollte für Sie oder Ihre Familienangehörigen kein Tabuthema mehr sein, sondern eine aktive, weil absolut wahrscheinliche Rolle in Ihrem privaten Vermögensmanagement spielen. Bei Tod des Versicherungsnehmers ist die Auszahlung und damit alle Gewinne im Versicherungsmantel zu 100% steuerfrei.

7. Vermögens- und Haftungsschutz

Unter bestimmten Umständen ist ein Schutz vor Pfändung des Versicherungsmantels möglich. Dazu können beispielsweise ein Harz-IV-Schutz oder die Situation, dass Ihre Lebensversicherung bei einer Insolvenz nicht in die Konkursmasse fällt, zählen. (Näheres hierzu bei den liechtensteinischen Lebensversicherungsprivilegien.)

Achtung Kostenbelastungen

Bei der Auswahl des entsprechenden Versicherers ist große Vorsicht geboten, da teilweise hohe Abschluss- und Managementgebühren verrechnet werden, die den Steuervorteil nahezu aufheben können. Hier kommt es natürlich auf Ihr Anlagevolumen, mindestens genauso aber auf Ihr Verhandlungsgeschick mit Ihrer Bank oder der Versicherungsgesellschaft an. Zur groben Orientierung sollten Sie die Kosten der einzelnen angebotenen Versicherungslösungen unbedingt vergleichen.

1. Die **einmaligen Abschlusskosten** sollten sich zwischen **0,5% bis maximal 2%** bewegen.

2. Die **jährlichen Versicherungsgebühren** sollten sich zwischen **0,3 bis maximal 0,9%** bewegen.

3. Die **Vermögensverwaltungsgebühren** sollten maximal **1,0%** betragen. Führen Sie das Depot des Versicherungsmantels über einen Discountbroker, lassen sich diese Gebühren noch deutlich verringern. Sie brauchen, wie gesagt, einen zwischengeschalteten Vermögensverwal-

ter für die steuerliche Rechtssicherheit. Ihr Portfolio muss aktiv betreut werden. Es ist als privater Anleger zwar technisch möglich, bei einigen Anbietern selbst Änderungen an der ummantelten Geldanlage vorzunehmen, aber steuerrechtlich ist dies nicht zulässig, und ich warne vor solchen Modellen. Über den zwischengeschalteten Vermögensverwalter ist die Einflussnahme jedoch jederzeit möglich. Wenn Sie keine Beratung benötigen, aber dennoch Ihr Vermögen weitestgehend selbst managen wollen, vereinbaren Sie einfach mit Ihrer Bank oder Ihrem Vermögensverwalter Sonderkonditionen für Ihre Wertpapierorders.

9.5 Bankplatz Schweiz

Intaktes Bankgeheimnis und kostengünstige Discountbroker auch für kleinere Vermögen

Sie haben nun bis zum 31.12.2008 die Möglichkeit, Ihre Kapitalanlagen in Ihrem Bankdepot durch Käufe vor dem 01.01.2009 langfristig zu konservieren und abgeltungssteuerfrei zu stellen, zumindest im Hinblick auf die Kursgewinne. Bei Publikumsfonds, Anleihen oder Aktien beispielsweise generieren Sie aber dennoch Zuflüsse durch Zins- oder Dividendenzahlungen, die von der Abgeltungssteuer erfasst werden.

Generell sollten Sie solche steuerpflichtigen Zuflüsse natürlich vermeiden. Auch Dach- oder Zertifikatefonds sind hier steuerlich privilegierte Möglichkeiten, zumindest für Teile Ihrer Vermögenswerte. Auch ein Dachfonds – als Steuersubjekt – kann daher ein schützender Mantel für Ihre Vermögenswerte sein.

TIPP

Mehrere Mäntel statt einem Mantel für alles: So, wie Sie wohl auch nicht nur einen Mantel für den Winter besitzen, sollten Sie auch nicht nur einen Mantel für Ihre Vermögenswerte haben. Für Ihre Sparpläne kann ein interessanter Mantel beispielsweise auch ein Riester- oder Rürup-Vertrag sein. Ein »Dachfondsmantel« für Ihre Vermögensbestandteile, den Sie vor dem 31.12.2008 erwerben, ist eine weitere Alternative. Ein zusätzlicher Fondssparvertrag im Versicherungsmantel einer englischen Gesellschaft kann auch eine Möglichkeit sein.

Denken Sie immer daran: Auch ein Mantel kann seinen wärmenden Schutz einmal verlieren. Dann sind Sie froh, wenn Sie mehrere haben. Sie sind weit flexibler und haben einen weit besseren Vermögensschutz. Diese Strategie ist ebenfalls Teil meiner Philosophie eines mehrdimensionalen Anlage- und Risikomanagements. Setzen Sie nicht nur auf einen Korb, sondern streuen Sie Ihre Vermögenswerte in unterschiedliche »Mäntel«.

Bewerten Sie alle Vorteile, Kosten und Risiken

Und denken Sie nicht immer nur an die Abgeltungssteuer. Die Auswirkungen von Erbschaftsteuern und einem generell vernachlässigten Vermögensschutz, gerade vor Haftungsrisiken, sind weit gravierender, sollte diese zum Tragen kommen. Ich habe Ihnen deshalb einmal eine vergleichende Übersicht zu den Eigenschaften und den Vor- und Nachteilen von Bankdepot, Fonds und Auslandslebensversicherung zusammengestellt, die Ihnen bei der richtigen Wahl des Investments helfen bzw. Ihnen die Vor- und Nachteile jedes einzelnen Investments klar machen soll. Denn Ihre Berechtigung haben letztlich alle drei Investmentformen.

	Bankdepot	Fonds	Auslandslebensversicherungen
Einzahlung	bar oder Depotübertrag	Barzeichnung	Prämieneinzahlung: bar oder Einbringung bestehender Depots
Laufende Steuerpflicht der Erträge	ja	nein, bei Kauf vor dem 31.12.2008 für thesaurierte Kursgewinne; bei Dachfonds auch komplette Steuerfreiheit für die Zielfonds, aber hohe Einschränkung der Flexibilität; starke Abhängigkeit von Vermögensverwaltern oder Produkten	nein

	Bankdepot	Fonds	Auslandslebens-versicherungen
Laufende EU-Zinsbesteuerung	ja	ja	nein
Besteuerung im Zugriffsfall	ja, Liquidierung von Wertpapieren löst nach Ablauf der Übergangsregeln künftig Abgeltungssteuer aus	keine Besteuerung bei Fondsverkäufen, aber Wiederanlage ist nach dem 31.12.2008 nicht mehr abgeltungssteuerfrei möglich	ja, aber Teilauszahlungen sind begünstigt möglich, zudem werden Zuflüsse bis zur Auszahlung thesauriert; nach dem 60. Lebensjahr und zwölf Jahren Laufzeit, privilegierte Besteuerung
Besteuerung bei Ableben des Kunden	weiterlaufende Einkommenssteuer, volle Erbschaftsteuerpflicht des Depotwertes	weiterlaufende Einkommensteuer, volle Erbschaftsteuerpflicht des Fondvolumens	einkommenssteuerfreie Realisierung der Versicherungsleistung im Todesfall – Steuerfreiheit!
Einflussnahme auf Vermögen durch Kunden	flexibel durch Anlagestrategie, Einzeltitelauswahl, Produkte	Abhängigkeit von der Strategie/Ausrichtung des Fonds – Institutsbindung	weitestgehend flexibel – Weisung an den Vermögensverwalter, hoher Individualisierungsgrad
Zugriff im Erbfall durch Vermögensnachfolger	Erbschein für Zugriff erforderlich; zum Teil lange Kontosperrung wegen Erbauseinandersetzungen	Zugriff im Nachlassfall nur mit Erbschein, wie Bankdepot	Vermögensnachfolge auch ausserhalb des Nachlasses möglich, kein Erbschein für Auszahlungen erforderlich
Pfändungs- und Insolvenzschutz des Kunden	Bankdepots können ohne Probleme gepfändet werden	Fondsanteile können ohne Probleme gepfändet werden	beispielsweise Liechtensteinischer Pfändungsschutz, sofern die Lebensversicherung direkt in Liechtenstein abgeschlossen wurde (Konkursprivileg)
Diskretion	keine	keine	beispielsweise Liechtensteinisches oder Luxemburgisches Versicherungsgeheimnis
Mindestvolumen	keines	keines bei Publikumsfonds; individuelle Privatfonds beispielsweise über Gibraltar sind ab ca. 2 Millionen € wirtschaftlich (einzelfallabhängig)	standardisierte Verträge sind bereits ab 50.000 € möglich; stark individualisierte Verträge machen ab ca. 1 Million € Sinn

	Bankdepot	Fonds	Auslandslebens-versicherungen
Depotbanken/ Vermögens-verwalter	frei wählbar	im Regelfall (Publikumsfonds) fix vorbestimmt – Institutsbindung	Bank oder Vermögensverwalter kann frei gewählt werden; Wechsel während der Laufzeit ist ebenfalls möglich
Finanz-aufsicht	BAFIN oder Schwesterbehörden bei ausländischen Bankdepots	im Sitzland des Fonds; beispielsweise Luxemburgische Aufsicht CSSF	im Sitzland der Versicherungsgesellschaft; beispielsweise Liechtensteinische Aufsicht FMA
Steuer-dokumen-tation	zukünftig direkte Abgeltungssteuerabführung bei deutschen Wertpapierdepots; finanzamtskonforme Erträgnisaufstellung bei Auslandsdepots	finanzamtskonforme Erträgnisaufstellung	keine Erträgnisaufstellung und somit auch Steuerberatung erforderlich, da keine laufende Besteuerung
Kosten-komponenten	Bank- und Vermögensverwaltungskosten (Depotgebühr, Produktkosten, Transaktionskosten, Vermögensverwaltungskosten); steuerlich zukünftig nicht mehr absetzbar	Ausgabeaufschlag, laufende Managementgebühren, Wirtschaftsprüfer, Bank- und Vermögensverwaltungskosten; steuerlich – bei Publikumsfonds – nicht absetzbar	Einrichtungsgebühr, laufende Managementgebühr, Bank- und Vermögensverwaltungskosten; werden indirekt bei der Steuer angerechnet und berücksichtigt, da die Kosten in die Wertentwicklung des Vertrages eingehen

9.6 Gestaltungsmöglichkeiten

10 gute Gründe für Versicherungsmäntel – neben der Abgeltungssteuerfreiheit!

Steuer-, Haftungs-, Vermögensschutz, Vermögensübertragung! Lebensversicherungsmäntel bieten Ihnen eine ganze Reihe steuerlicher Vorteile, zum Beispiel die Umgehung bzw. die Vermeidung der Abgeltungssteuer. Stattdessen gibt es eine attraktivere Ertragsbesteuerung bei Auszahlung mit der Möglichkeit, die Hälfte der erzielten Gewinne steuerfrei vereinnahmen zu können. Außerdem haben Sie hier fast dieselbe Flexibilität, wie Sie sie bei einem eigenen Depot haben, sowie günstige Transaktionskosten für den An- und Verkauf eigener Wertpapiere. Es gibt aber noch eine Vielzahl weiterer Vorteile, die nicht im Zusammenhang mit der Abgeltungssteuer stehen.

1. Uneheliche Kinder

Sie haben ein uneheliches Kind, von dem Ihre Familie nichts weiß und auch nach Ihrem Tod nichts wissen soll. Über einen Lebensversicherungsmantel aus Liechtenstein können Sie hier eine flexible Begünstigung vornehmen, auch für Ihren Todesfall. Vermögenswerte können somit außerhalb des Nachlasses und diskret übertragen werden.

2. Geliebte

Sie haben eine Geliebte (oder einen Geliebten), von dem Ihre Familie nichts weiß. Sie möchten dieser Person nach Ihrem Tod etwas zukommen lassen. Sie wollen allerdings auch nach Ihrem Tod dieses Geheimnis bewahren und können deshalb natürlich keine testamentarische Verfügung vornehmen.

3. Probleme im Familienkreis

Sie haben Probleme im Familienkreis, beispielsweise mit Ihrer Ex-Frau (oder Ihrem Ex-Mann), mit Ihren Kindern, mit Ihrer Schwiegertochter oder Ihrem Schwiegersohn. Mir sind Fälle aus der Praxis bekannt, in denen beispielsweise drogenabhängige oder charakterlich noch nicht gefestigte Kinder vor dem Geld »geschützt« werden sollen, bis sie einen Weg aus ihrer Lebenskrise gefunden haben. Ebenso gibt es immer wieder den Fall, dass Eltern diskret bestimmte Kinder besser stellen wollen, etwa weil diese ihnen aus den unterschiedlichsten Gründen (Pflege im Alter, Verhalten, Wertschätzung) näher stehen als die anderen Geschwister.

4. Gegenseitige Absicherung

Sie sind homosexuell und möchten sich und Ihren Lebenspartner absichern. Hier stoßen Sie in Deutschland bei der Vermögensübertragung auf erhebliche steuerliche Nachteile, wenn Sie sich nicht für die sogenannte eingetragene Lebenspartnerschaft (»Homo-Ehe«) entscheiden. Vielleicht haben Sie in diesem Fall auch einen hohen Diskretionsbedarf, wenn Sie Ihre Neigungen nicht öffentlich gemacht haben. Das ist immer noch häufig der Fall. Denn gerade Unternehmer oder Personen im öffentlichen Fokus haben weiterhin Nachteile zu befürchten, wenn sie sich »outen«.

Ebenso ist es sinnvoll, dass Ehe- und Lebenspartner ihr gemeinsames Vermögen über Versicherungsmäntel im Todesfall übertragen. Das geht am besten über eine gegenseitige sogenannte »Überkreuzbegünstigung«. Sie haben gemeinsam mit Ihrem Partner beispielsweise eine Million €. Die Freibeträge im Erbfall sind nun deutlich niedriger.

Sie und Ihr Lebenspartner schließen nun zwei Versicherungsverträge mit jeweils 500.000 € ab. Beim einen sind Sie der Versicherungsnehmer und Ihr Partner der Begünstigte, beim anderen Vertrag genau umgekehrt. Dadurch sichern Sie sich gegenseitig zu gleichen Teilen und steueroptimiert (sogar vollkommen steuerfrei im Todesfall) ab. Diese Strategie ist meiner Ansicht nach im Übrigen gerade auch für Ehepartner eine attraktive Alternative zum relativ verbreiteten »Berliner Testament«. Besprechen Sie diese Thematik einmal mit Ihrem Steuerberater, vor allem wenn Sie sehr vermögend sind, also Ihre Vermögenswerte deutlich über den Erbschaftsteuerfreibeträgen liegen.

5. Diskretionsbedarf innerhalb der Familie

Sie wollen nicht, dass Ihre Kinder oder Ihre zukünftige Ehefrau/Ehemann frühzeitig wissen, wie viel Geld Sie wirklich haben. Geld kann ja bekanntlich den Charakter verderben, und viele Eltern oder Partner möchten nicht, dass Kinder zu früh von großen Vermögenswerten erfahren. Sie können in solchen Fällen die Begünstigtenregelung auf einen Zeitpunkt legen, zu dem Sie davon ausgehen, dass Ihre Erben die nötige menschliche und fachliche Reife haben.

6. Diskretionsbedarf gegenüber fremden Dritten oder Behörden

Gerade bei ausländischen Lebensversicherungsmänteln aus Liechtenstein oder Luxemburg erfolgt keine Meldung ans Erbschaftsteuer-Finanzamt, wenn die Versicherung an den Begünstigten ausgezahlt wird. Es gilt beispielsweise das strenge Liechtensteiner Versicherungsgeheimnis, welches mit dem dortigen Bankgeheimnis vergleichbar ist. Es werden auch keine Kontrollmitteilungen an deutsche Finanzbehörden geschickt. Die Auskunftspflicht gegenüber deutschen Behörden ist auf wenige Ausnahmen beschränkt.

7. Individuelle, flexible Vermögensübertragungen

Gerade Großeltern übertragen gerne Vermögenswerte direkt auf ihre »Lieblingsenkel« und wollen die gesetzliche Erbfolge für bestimmte Vermögensbestandteile umgehen. Dies ist ebenfalls durch diese Struktur möglich. Auch der Schwiegersohn oder die Schwiegertochter sollen manchmal »ausgeschlossen« und stattdessen direkt die Enkel bedacht werden.

8. Vermögens- und Haftungsschutz

Ein weiteres wichtiges Anwendungsgebiet ist der Haftungsschutz für Unternehmer: Sie sind zum Beispiel Geschäftsführer einer GmbH und gehen damit in Ihrem operativen Geschäft unternehmerische Risiken ein. Wenn Sie nun auch ein Haus und ein Wertpapierdepot haben, ist es nicht zwangsläufig so, dass Sie bei einer Schieflage Ihrer GmbH nur mit Ihrem Stammkapital haften. In Deutschland gibt es unter Umständen auch eine Durchgriffshaftung auf den Geschäftsführer. Dies kann etwa dann der Fall sein, wenn Sie eine Schieflage Ihrer Gesellschaft falsch beurteilen und dadurch eine Insolvenzverschleppung verursachen. Dann können – bei entsprechendem Gerichtsurteil – auch Ihr Eigenheim und Ihr Wertpapierdepot in die Konkursmasse mit einfließen.

Viele Geschäftsführer einer GmbH haben aus diesem Grund beispielsweise ihr Eigenheim auf ihre Ehefrau überschrieben, um das Haftungsrisiko zu minimieren. Allerdings gehen Sie mit diesem Transfer des Eigentums auf Ihre Frau natürlich ein neues Risiko ein, nämlich das einer Scheidung.

Nicht selten passiert es gerade im Falle einer Insolvenz, dass die daraus fast immer resultierenden psychischen Anspannungen auch Auswirkungen auf Ihr Privatleben haben. Und wenn Ihre Frau Sie dann eventuell verlässt (dieses Risiko ist in Deutschland rein statistisch nun mal sehr hoch, weil jede dritte Ehe geschieden wird), haben Sie Ihr Eigenheim, allein vom rationalen Risikomanagementgedanken her – eben nicht abgesichert.

Ich weiß, dass bei diesem Thema oft viele Emotionen mitspielen und die Rationalität ausgeblendet wird. Aber auch hier kann ich aus meiner Beratungspraxis sagen, dass viele ehemals verliebte Paare nur wenige Jahre später die erbittertsten gerichtlichen Auseinandersetzungen geführt haben. Frühzeitig und gemeinsam die richtigen Strukturen zu schaffen ist aus meiner Sicht der sehr viel intelligentere Weg.

Das gilt jedenfalls immer für den Ehepartner, der entweder das Hauptvermögen mitbringt oder den Zugewinn erwirtschaftet, und das muss natürlich nicht zwangsläufig der Mann in der Ehe sein! Hier müssen Sie übrigens auch in guten Zeiten (gemeint ist, Ihre Firma ist wirtschaftlich erfolgreich und Ihre Ehe intakt) einen Mittelweg finden.

Schutz der Familie bei gleichzeitigem Schutz vor der Familie
Das bedeutet, Sie müssen zum einen für Ihre Familie vorsorgen, falls die Firma in Schieflage gerät, und zum anderen Ihre Firma schützen – also sie vor Ihrer »Familie« schützen –, falls Ihre Ehe in die Brüche geht.

Ebenso ist die Wahrscheinlichkeit für Streitigkeiten mit anderen Familienangehörigen wie Kindern, Eltern oder Geschwistern in der heutigen Zeit sehr hoch, mit teilweise gravierenden finanziellen Folgen, gerade bei Erbstreitigkeiten.

9. Rechtliche Diversifikation und geografische Streuung

Ihr Lebensversicherungsmantel ist rechtlich eine juristische Person. Sie schaffen also durch Abschluss eines Lebensversicherungsmantels eine eigenständige, rechtlich isolierte Gesellschaftsform für Teile Ihrer Vermögenswerte. Das ist über Lebensversicherungsmäntel bereits ab 50.000 € möglich. Für andere Gesellschaftsformen wie Stiftungen beispielsweise würden Sie das zehnfache Anlagevolumen benötigen.

Sie erreichen nicht nur eine rechtliche Streuung Ihres Vermögens, sondern darüber hinaus auch noch eine geografische Verteilung Ihrer Werte durch Nutzung ausländischer Anbieter. Das bedeutet in der Praxis auch über das reine Verwalten Ihrer Wertpapiere hinaus ein besseres Anlage- und Risikomanagement.

Ihr Lebensversicherungsmantel wird damit zu einer eigenständigen und isolierten Gesellschaft, der den Schutz Ihrer Vermögenswerte deutlich verbessert. So, wie Sie aus Diversifikationsüberlegungen Aktien aus unterschiedlichen Branchen oder Ländern kaufen, sollten Sie auch – je nach Höhe Ihrer Vermögenswerte – überlegen, Lebensversicherungsmäntel aus mehreren Ländern zu kombinieren.

Ihr Wertpapierdepot von 500.000 € kann zum Beispiel von einem Vermögensverwalter betreut, aber jeweils zur Hälfte in zwei Lebensversicherungsmänteln eingebracht werden – einer aus Luxemburg und einer aus Liechtenstein.

Natürlich können Sie zusätzlich noch eine weitere Streuung vornehmen, so dass die Vermögenswerte von unterschiedlichen Banken in verschiedenen Ländern verwaltet werden. Sie haben also die Flexibilität, beispielsweise das Depot Ihres liechtensteinischen Lebensversicherungsmantels in der Schweiz betreuen zu lassen oder die Wertpapiere Ihres luxemburgischen Mantels in Österreich zu verwalten. Grundlagen zu diesen Modellen und Strategien eines optimierten Risikomanagements finden Sie auch in meinem Buch »Geopolitische Vermögenssteuerung«, falls Sie es noch nicht gelesen haben sollten.

10. Vollkommen steuerfreie Vermögensübertragungen

Sie möchten Vermögenswerte steuerfrei vererben. Auf Vortragsveranstaltungen, Messen, in Lesergesprächen oder meiner Telefonsprechstunde werde ich immer wieder mit der Frage konfrontiert: »Herr Miller, ich bin doch zu alt für den Abschluss einer Lebensversicherung, oder?«

Diese Frage konnte ich bislang in jedem Fall verneinen! Denken Sie nach den altbekannten Strukturen, dass eine Lebensversicherung Ihren Todesfall absichern soll! Gerade eine liechtensteinische Lebensversicherung dient in keiner Weise dem Schutz im Todesfall, sondern allein dem des Vermögens.

Rein rechtlich ist es bei den meisten Anbietern so, dass die maximale Laufzeit für den Lebensversicherungsmantel 99 Jahre beträgt. Die Mindestlaufzeit für den Anspruch auf die Steuervorteile ist ja bekanntlich zwölf Jahre. Die Berechnung, ob Sie nun zu alt sind oder nicht, ist daher relativ einfach, nämlich 99 – 12 = 87 Jahre. Wenn Sie also maximal 87 Jahre alt sind, ist der Abschluss einer derartigen Lebensversicherung auch für Sie und Ihre Erben überlegenswert. Vor allem wenn Sie – ganz unabhängig von der Abgeltungssteuer – erkennen, dass Sie einen ähnlichen Vermögensstrukturierungs- oder -übertragungswunsch haben, wie in den Praxisbeispielen erläutert.

Es mag natürlich vom herkömmlichen Denkansatz aus ungewöhnlich erscheinen, sich in diesem Alter Gedanken über eine Lebensversicherung zu machen. Aber es ist sinnvoll, nicht zuletzt weil unsere Gesellschaft immer älter wird!

Ich hoffe, ich konnte Ihnen mit diesen Beispielen einen deutlichen Praxisbezug dazu liefern, welche vielfältigen Möglichkeiten Sie vor allem mit liechtensteinischen Lebensversicherungsmänteln haben. Natürlich bleibt die ursprüngliche Absicht des »Renditeschutzes« des Wertpapierdepots bestehen. Aber mindestens genauso interessant sind die vielfältigen Möglichkeiten des kompletten Vermögensschutzes, die sich Ihnen durch eine derartige Strukturierung bieten! Denn auch hier gilt meine Formel uneingeschränkt: »Das Steuern ist wichtiger als die Steuern!«

9.7 Anlage- und Risikomanagement

So schützen Sie Ihr Vermögen und Ihre Privatsphäre in Liechtenstein vor Steuern und Haftung

Bei einer klassischen Lebensversicherung aus Deutschland zahlen Sie als Versicherungsnehmer Geldbeträge an den von Ihnen gewählten Versicherer. Dort fließen die Beiträge in einen weitestgehend anonymen Deckungsstock, der von der Versicherungsgesellschaft verwaltet wird. Individuelle Anlageziele sind bei dieser Vorgehensweise kaum zu realisieren, weil die Transparenz nicht vorhanden und die Entwicklung des Vermögens für den Investor meist nicht nachvollziehbar ist.

Private Insuring-Konzepte aus Liechtenstein bieten hingegen umfassende Gestaltungsmöglichkeiten. Sie als Vermögensanleger entscheiden, nach welchen Regeln Ihr Kapital angelegt wird. So profitieren Sie unmittelbar von der Wertentwicklung Ihrer Vermögenswerte – transparent, geschützt und individuell auf Ihre Bedürfnisse abgestimmt.

Die liechtensteinischen Privilegien im Überblick

1. **Anlageprivileg** – freie Wahl des Investments, des Vermögensverwalters und der Depotbank

- jedes bestehende Depot oder Guthaben kann als Beitrag verwendet werden
- jedes bewertungs- und depotfähige Investment kann in die Vermögensanlage mit einbezogen werden
- der Berater bestimmt gemeinsam mit dem Kunden beim Abschluss der Versicherung, wie die Beiträge angelegt werden sollen

2. **Steuerprivileg** – Steueroptimierung in Übereinstimmung mit dem deutschen Steuerrecht

Einzahlung

- grundsätzlich keine Besteuerung während der Vertragsdauer
- keine Spekulationsfristen
- Zinsen, Dividenden und thesaurierende Gewinne fließen steuerfrei zu (Achtung: Quellensteuer bei Dividenden!)

Auszahlung

- Besteuerung der Leistungen im Erlebensfall bzw. Rückkauf abzüglich eingezahlter Beiträge nach § 20 Abs. 1 Nr. 6 EStG
- altersnaher Bezug = nur die Hälfte muss versteuert werden (Auszahlung nach dem 60. Lebensjahr, zwölf Jahre Mindestlaufzeit)
- Rentenleistungen = nur geringe Ertragsanteilbesteuerung
- steuerfreie Todesfallleistung nach § 20 Abs. 1 Nr. 6 EStG

3. **Diskretionsprivileg – liechtensteinisches Versicherungsgeheimnis.** Analog dem Bankgeheimnis erhalten Dritte keine Auskünfte über Lebensversicherungsverträge, die bei liechtensteinischen Gesellschaften abgeschlossen wurden.

4. **Erbschaftsprivileg** – Gestaltungsmöglichkeiten bei der Erbschaftsteuer.

- Die Liechtensteiner Lebensversicherung fällt nach deutschem Recht zivilrechtlich nicht in den Nachlass (BGB § 330, 331).
- Bei Nennung von Begünstigten werden Vermögenswerte direkt und außerhalb anderer testamentarischer Regelungen zugewiesen (Vermeidung von Erbstreitigkeiten).
- Der Wert der Police fällt nicht in den Nachlass.

TIPP: Der »postmortale Freibetrag« bei einer Lebensversicherung in Liechtenstein

- Beim Erbfall wurden alle Freibeträge der Erben ausgenutzt.
- Es gab aber eine Liechtensteiner Versicherung, bei der der Erblasser der Versicherungsnehmer und der Sohn beispielsweise die versicherte Person war.
- Bei Abschluss des Vertrages wurde dokumentiert, dass bei Tod des Versicherungsnehmers der Sohn den Liechtensteiner Versicherungsvertrag als Versicherungsnehmer übernimmt.
- Zehn Jahre nach dem Tod des Erblassers erfolgt eine Teilauszahlung in Höhe von 400.000 €. Da dem Sohn alle zehn Jahre der Freibetrag von 400.000 € zur Verfügung steht, fließen ihm diese 400.000 € erbschaftsteuerfrei zu.
- Dieses Verfahren kann alle zehn Jahre wiederholt werden, bis der Liechtensteiner Vertrag aufgelöst ist – eine intelligente Lösung, um

erbschaftsteuerliche Belastungen zu minimieren und damit Vermögen an die nächste Generation erbschaftsteueroptimiert weiterzugeben.

5. **Gestaltungsprivileg** – Die Police bietet stiftungsähnliche Vorteile.

   Sie haben eine individuelle und flexible Gestaltung der Bezugsrechte durch die Begünstigtenregelungen, ähnlich wie bei einer Stiftung, für die jedoch weit höhere Anlagesummen notwendig sind (aus Kostengründen mindestens etwa 500.000 €). Zusätzlich haben Sie den Vorteil, dass, wenn Sie eine liechtensteinische Lebensversicherung als »Depotverwaltungsmantel« wählen, es auch aus steuerlicher Sicht egal ist, welche Produkte und Anlageformen Sie innerhalb des Versicherungsmantels wählen. Die Vermögenserträge aus Zinsen und Dividenden unterliegen hier – im Gegensatz zum herkömmlichen Bankdepot – nicht der Quellenbesteuerung für EU-Bürger, wie etwa der EU-Zinsabschlagsteuer oder der schweizerischen Verrechnungsteuer.

6. **Konkursprivileg** – Die Lebensversicherung fällt unter bestimmten Voraussetzungen (Begünstigung von nahen Angehörigen) nicht in die Konkursmasse.

simplified

10 Investmentfonds

10.1 Anti-Abgeltungssteuer-Strategie mit Investmentfonds

Investmentfonds: eine gute Wahl für jeden

Investmentfonds sind und bleiben wohl auch zukünftig die beliebteste Anlageklasse deutscher Investoren. Vor allem die steuerliche Benachteiligung von Zertifikaten macht eine Anlage in Investmentfonds im Jahre 2008 noch bedeutend attraktiver, da bis zum 31.12.2008 ein Bestandsschutz für Ihre bis dahin getätigten Investitionen in Investmentfonds gilt. Darüber hinaus bieten Investmentfonds auch eine deutlich höhere Sicherheit als Zertifikate, da das Fondsvermögen den Status eines Sondervermögens hat. Das bedeutet, dass im Falle des Konkurses des Emittenten (Fondsgesellschaft) Ihre Investitionen vor dem Zugriff der Gläubiger geschützt sind und nicht in die Konkursmasse fallen.

TIPP
Der Bundesverband Investment und Asset Management e. V. (BVI) informiert Sie im Internet (www.bvi.de) unter den Stichpunkten »Investmentfonds«, »Recht« und »Gesetze« über relevante Vorschriften und geplante Änderungen.

Die steuerlichen Änderungen bei Investmentfonds

Im Folgenden möchte ich Ihnen die steuerlichen Änderungen für verschiedene Fondsarten darstellen.

1. Aktien, Renten-, Geldmarktfonds oder auch ETFs

Aktien oder Rentenfonds erzielen Dividendenausschüttungen, Zinseinnahmen und Kursgewinne.

Bis Ende 2008 gilt: Dividenden sind zur Hälfte zu versteuern, das bedeutet: Als Anleger zahlen Sie je nach Grenzsteuersatz 15 – 42% Steuern auf die Hälfte dieser Erträge. Kursgewinne müssen Sie als Anleger je nach Ihrem persönlichen Grenzsteuersatz mit 15 – 45% (3% Reichensteuer) versteuern, wenn zwischen Kauf und Verkauf der Fondsanteile weniger als ein Jahr liegt und die Freigrenze von 512 € im Jahr überschritten wird. Kursgewinne aus Wertpapieren, die Sie frühestens nach einem Jahr verkaufen, sind steuerfrei.

Achtung: Eine Freigrenze ist kein Freibetrag. Sobald Sie 512 € überschreiten, müssen Sie die gesamten zugeflossenen Einnahmen versteuern.

Ab 2009 gilt: Zinsen, Dividenden und Kursgewinne sind vollständig zu versteuern. Als Anleger müssen Sie für diese Erträge 25% Abgeltungssteuer abführen. Ist Ihr Grenzsteuersatz niedriger als 25%, können Sie die Differenz jedoch über Ihre Steuererklärung zurückholen (Besserstellung).

Fazit:

Investitionen in Aktienfonds sind für Sie als Anleger ab 2009 steuerlich weniger attraktiv als bisher, weil Kursgewinne dann immer steuerpflichtig sind. Renten und Geldmarktfonds sind ab 2009 für Sie als Anleger – wenn Ihr Grenzsteuersatz über 25% liegt – steuerlich günstiger als vorher.

2. Offene Immobilienfonds

Bis zum 31.12.2008 gilt auch hier, dass Zins-, Miet- und Dividendenerträge des Fonds nach den bisherigen Regelungen zu versteuern sind. Immobilienfonds dürfen die Abschreibungsmöglichkeiten für Immobilien beanspruchen und ebenso die Kosten für Verwaltung und Administration vom steuerpflichtigen Ergebnis abziehen.

TIPP

Der steuerfreie Anteil der Kapitaleinnahmen bleibt bei offenen Immobilienfonds unverändert, weil die zehnjährige Spekulationsfrist beibehalten und Auslandsmieten nicht erfasst werden. Zudem entfällt auch der Progressionsvorbehalt auf Auslandserträge. Durch diese günstigen Abschreibungsmöglichkeiten und die steuerfreien Wertsteigerungen der Immobilien ist das Ergebnis von offenen Immobilienfonds zu rund 30 – 60% (je nach Strategie und Investitionsgrad des Fonds) steuerfrei. Das ist vor allem für Sie als konservativen Anleger interessant, wenn Sie Ihren Freibetrag bereits ausgeschöpft haben.

3. Dachfonds

Dachfonds legen ihr Fondsvermögen wiederum in andere »Zielfonds« an. Diese Anlageprodukte werden in naher Zukunft – zur Nutzung der Altbestandsregelung für Sie als Anleger – einen wahren Nachfrageschub erfahren. Auch Vermögensverwalter und Banken sind derzeit dabei, ihre eigenen Vermögensverwaltungen in Dachfonds einzubringen, die Sie als Anleger dann steueroptimiert erwerben können. Dachfonds haben eine privilegierte steuerliche Behandlung nach 2009 (wenn sie vor dem 31.12.2008 gekauft werden), da Umschichtungen auf Fondsebene, also innerhalb des Dachfonds, keine Abgeltungssteuer auslösen.

4. Derivate- oder Zertifikatefonds

Gleiches wie bei Dachfonds gilt auch für Zertifikate oder Derivatefonds. Die Zielprodukte, in die diese Fondsgattung investiert, sind Einzelzertifikate oder andere Derivate, und Umschichtungen auf Fondsebene lösen auch hier keine Abgeltungssteuer aus. Allerdings müssen Sie als Anleger stärker darauf achten, in welche Arten von Zertifikaten der Fonds investiert, weil es beispielsweise bei Zertifikaten mit Zinsausschüttungen sehr wohl zu steuerpflichtigen Zuflüssen kommt, bei Bonus- oder Discountzertifikaten dagegen nicht.

TIPP

Generell gilt: Setzen Sie nicht voreilig und verfrüht unter Umständen sehr teure Depotstrukturen um. Bis zum 31.12.2008 haben Sie noch genügend Zeit. Sie sollten jetzt natürlich immer wieder darüber nachdenken, wie Sie Ihr Wertpapierdepot »konservieren« können. Genauso sollten Sie überlegen, welche neuen Produkte in den nächsten Monaten hierzu geeignet sind. Es wird eine Vielzahl von neuen Dachfonds- und Dachzertifikaten geben. Desgleichen sind Investitionen in Lebensversicherungsmäntel oder physische Investments in Gold auch nach dem 31.12.2008 möglich.

Grundsätzlich stehen Ihnen folgende Optimierungsansätze durch flexible Konservierung zur Verfügung

Bis zum 31.12.2008 ergeben sich Lösungsansätze durch Investitionen in Produkte, die Sie langfristig im Depot halten wollen:

- ummantelte Vermögensverwaltungen (beispielsweise Vermögensverwaltungsfonds)
- Dachfonds
- strukturierte Investmentfonds (Zertifikate- und Derivatefonds)

Der Vorteil für Sie: Umschichtungen in diesen Strukturen selbst lösen auch nach dem 01.01.2009 keine Abgeltungssteuer aus.

Bauen Sie sich ein »Abgeltungssteuer-Konservierungsdepot« auf dem Papier auf, das Sie durch neue und bessere Produkte sukzessive ergänzen oder umbauen. Die Umsetzung heben Sie sich aber bis November oder Dezember 2008 auf. So erhalten Sie sich Ihre Flexibilität und verbessern fortlaufend Ihre Strategie, ohne dadurch unnötige Kosten zu verursachen. Nach dem 31.12.2008 nutzen Sie einfach einen alternativen Mantel für Ihr Depot, wie etwa die Lebensversicherungsmodelle.

10.2 Mögliche Fallstricke und wertvolle Tipps für Ihre Anti-Abgeltungssteuer-Strategien!

Wenn Sie die Vorteile der Altbestandsregelung nutzen und dennoch bei notwendigen Portfolioumschichtungen steueroptimiert reagieren möchten, bieten sich folgende Lösungsansätze:

1. Fusionen von Aktiengesellschaften schaden Altbestandsregelung

Häufig lese ich den »Rat« zur Abgeltungssteuer, in gute Einzelaktien und Standardwerte vor dem 31.12.2008 zu investieren, um die Steuerfreiheit auf die Kursgewinne für alle Zeiten einzufrieren. Ich warne Sie vor dieser Strategie. Jede Stammdatenänderung (Wertpapierkennnummer) der Aktiengesellschaft ist steuerschädlich. Sollte Ihre AG etwa eines Tages fusionieren (Fusionen werden weiter zunehmen), verlieren Sie die Abgeltungssteuerfreiheit.

Wenn sie auf Nummer Sicher gehen möchten, kaufen Sie besser Indexprodukte wie Indexfonds oder ETFs!

2. Vorsicht vor Auflösung von Zertifikaten oder Investmentfonds – Nutzen Sie die Übergangsfristen für Zertifikate NICHT!

Investmentfonds unter 100 Millionen € verwalteten Volumens sind für Fondsgesellschaften aufgrund der Kostenbelastungen oftmals wenig rentabel. In der Vergangenheit kam es oft vor, dass Fonds mit zu kleinem Anlagevolumen aufgelöst oder mit anderen Fonds verschmolzen wurden. Für Ihre »Konservierungsstrategie« wäre es natürlich dramatisch, wenn eine Fondsauflösung nach 2009 für Ihr Investment erfolgen würde. Sie könnten dann nicht mehr die Altbestandsregelung nutzen.

Das Risiko der Zusammenlegungen von Investmentfonds oder Auflösungen können Sie nie ganz ausschließen. Aber Sie können es deutlich reduzieren, indem Sie beispielsweise nur Fonds kaufen, die ein hohes Volumen haben, die schon lange auf dem Markt erhältlich sind und die über lange Zeiträume gut performen. Kaufen Sie außerdem nicht nur einen Fonds oder Dachfonds, sondern streuen Sie auch hier in mehrere Anlageprodukte von unterschiedlichen Fondsgesellschaften.

Dadurch reduzieren Sie Ihr Risiko ebenfalls. Sollte einmal ein Produkt aufgelöst werden, verlieren Sie nicht den gesamten Bestandsschutz für Ihr komplettes Vermögen, sondern haben dann noch viele alternative Produkte in Ihrem Depot mit Bestandsschutz für die Zukunft.

Verkaufen Sie alle Open-End-Zertifikate (Endloszertifikate ohne festen Ablauftermin) aus Ihrem Wertpapierdepot, selbst wenn Sie diese vor dem Stichtag 15.03.2007 gekauft haben. Auch bei aktiv gemanagten Zertifikaten besteht das Risiko. Sie haben zwar einen Bestandsschutz für diese Produkte im Hinblick auf die Abgeltungssteuer, aber das Risiko einer Auflösung des Zertifikates nach dem 31.12.2008 ist zu hoch. Sie haben dann nämlich keine Möglichkeit mehr, in ein abgeltungssteuerfreies Wertpapier direkt zu investieren. Verkaufen Sie auch diese Zertifikate und schichten Sie in Fondsprodukte um.

Generell sollten Sie vor dem 31.12.2008 alle Zertifikate einer kritischen Prüfung unterziehen und alternative Produkte aus dem Fondsbereich, vor allem im Segment der ETF´s, beobachten.

Verlagern Sie Zinszahlungen aus Anleihen oder Finanzinnovationen

Für Zinszahlungen aus Vermögensanlagen ist ab 01.01.2009 die Abgeltungssteuer maßgebend. Durch eine gezielte Auswahl von Anlagen mit Zinszahlung nach dem 31.12.2008 senken Sie die Besteuerung dieser Erträge bei einem höheren persönlichen Steuersatz auf dann 25 % Abgeltungssteuer.

10.3 Investmentfonds mit Auslandsbezug

Acht Tipps, die Sie beim Kauf, Übertrag oder Verkauf von ausländischen Investmentfonds oder einem Depot im Ausland beachten sollten!

Investmentfonds von Kapitalanlagegesellschaften aus dem Ausland bergen unter Umständen einige Fallstricke. Ebenso kann es für Sie erforderlich sein, im Fonds bereits abgeführte Steuern über Erstattungsformulare gesondert geltend zu machen, damit keine Doppelbesteuerung auftritt, durch die Sie bares Geld verschenken.

Ausländische Erträge von Inlandsfonds sind oftmals mit Quellensteuern aus dem Ausland belastet, die auf Zinsen und Dividendenzahlungen einbehalten werden. In der Praxis wird (entsprechend den vorliegenden Doppelbesteuerungsabkommen) ein Teil dieser ausländischen Quellensteuern bereits von der jeweiligen Fondsgesellschaft zurückgeholt. Bei deutschen Aktienfonds, die in ausländische Unternehmen investieren, erhalten Sie von Ihrer Bank bzw. Fondsgesellschaft eine Bescheinigung über die anrechenbare ausländische Quellensteuer.

TIPP

Prüfen Sie die Steuerbescheinigungen, die Sie von Ihrer Bank- oder Fondsgesellschaft bekommen, genau. Versäumen Sie es nicht, dass Sie sich diese bereits von Ihnen indirekt abgeführten ausländischen Steuern über die »Anlage AUS« Ihrer Steuererklärung auf Ihre Einkommensteuer anrechnen lassen.

Transparent, halbtransparent und intransparent

Vor dem 01.01.2004 wurde bei Investmentfonds in unterschiedlichen Gesetzen eine Unterscheidung in Inlands- und Auslandsfonds vorgenommen, was eine unterschiedliche steuerliche Behandlung zur Folge hatte. Im Zuge der EU-Harmonisierung wurde nun angestrebt, eine einheitliche Besteuerung von in- und ausländischen Fonds umzusetzen. Zum 01.01.2004 wurde aus diesem Grund das Investmentmodernisierungsgesetz in Kraft gesetzt, das die Regelungen für in- und ausländische Fonds im Investmentsteuergesetz (InvStG) vereinheitlicht.

Das neue Investmentsteuergesetz unterscheidet nun Fonds in »transparente«, »semitransparente« und »intransparente« Fonds. Letztere werden oftmals auch mit dem Namen »schwarze Fonds« bezeichnet und sind mit einer Strafbesteuerung versehen.

Achtung bei schwarzen Fonds!

Als Investor in einen solchen »intransparenten« Fonds müssen Sie sich beispielsweise folgender Besteuerung unterwerfen:

1. Die tatsächliche Ausschüttung ist zu versteuern.

2. Alle Zwischengewinne sind zu versteuern.

3. 70 % des Wertzuwachses im Kalenderjahr, mindestens jedoch 6 % des letzten Rücknahmepreises sind zu versteuern.

TIPP

Seien Sie sich darüber bewusst, dass Sie selbst in Verlustjahren bei diesen »intransparenten« Auslandsfonds immer mindestens 6 % des Wertes versteuern müssen! Den deutschen Finanzbehörden fehlen bei diesen Produkten die Besteuerungsgrundlagen. Als Zuflusszeitpunkt gilt das Ende des jeweiligen Kalenderjahres. Sie sollten also nur in ausländische Fonds investieren, die ihre Besteuerungsgrundlagen – wie im Investmentsteuergesetz gefordert – nachweisen können. Grundsätzlich sollten Sie nur Investmentfonds kaufen, die zur Gruppe der »transparenten« Fonds gehören.

Weitere Informationen

Eine komplette Tabelle mit den genauen Modalitäten der Besteuerung bei Investmentfonds finden Sie im PDF-Format zum Herunterladen unter **www.bvi.de.**

Acht steuerliche Tipps für Investmentfonds mit Auslandsbezug

1. Erkundigen Sie sich vor dem Kauf von ausländischen Investmentfondsanteilen, ob diese eine **vertriebliche Zulassung in Deutschland** haben. Nur »transparente« Fonds weisen ihre Besteuerungsgrundlagen komplett nach und werden vom Fiskus ohne Probleme anerkannt, vor allem auch im Hinblick auf die Rückerstattung bzw. die Anrechnung bereits bezahlter ausländischer Quellensteuern.

2. Vor allem wenn Sie Ihren Sparerfreibetrag in Höhe von 801 € (inklusive Werbungskostenpauschbetrag in Höhe von 50 €) überschritten haben, ist eine Auslandsverwahrung (Depot direkt bei der ausländischen Fondsgesellschaft, bei einer Bank oder einem Discountbroker

im Ausland) meist vorteilhafter für Sie, weil ein Steuerabschlag nicht direkt vorgenommen wird und Sie so einen **Zeit- und Zinseszinsvorteil** haben.

3. Bei ausländischer Lagerung müssen und können Sie keinen Freistellungsauftrag erteilen. Verwahren Sie Ihre Fondsanteile hingegen im Inland, sollten Sie daran denken, dass Sie rechtzeitig vor Ausschüttung oder Thesaurierung einen **Freistellungsauftrag** erteilen. Sie können dabei Ihren Freistellungsfreibetrag in Höhe von 801 €, bzw. bei Verheirateten in Höhe von 1.602 €, auf Konten und Depots bei unterschiedlichen inländischen Banken verteilen.

4. Informieren Sie sich im Vorfeld eines Fondskaufes über die Form der Abrechnungen für Käufe und Verkäufe sowie die jährlichen steuerlichen Erläuterungen, vor allem wenn Sie bei ausländischen Banken Ihr Wertpapierdepot führen. Nur deutsche Banken sind ab 2009 dazu verpflichtet, die **Abgeltungssteuer direkt abzuführen**. Von ausländischen Banken werden und sollten Sie auch weiterhin detaillierte und steuerlich einwandfreie Erträgnisaufstellungen erhalten. Diese benötigen Sie für die korrekte Nachveranlagung Ihrer Kapitalerträge im Rahmen Ihrer Einkommensteuererklärung.

5. Achten Sie darauf, dass Sie bis zum 31.12.2008 bei Ihren Wertpapierpositionen mit Gewinnen die **Spekulationsfrist** von zwölf Monaten einhalten, da ansonsten Ihre Gewinne aus privaten Fondsverkäufen voll steuerpflichtig sind. Ebenso sollten Sie sich überlegen, ob Sie **Verluste** vor Ablauf der zwölf Monate nicht besser durch Verkäufe **realisieren**. So sichern Sie sich steuerlich den jeweiligen Verlust, können diesen in die Zukunft vortragen und damit künftige Gewinne »steuerfrei« stellen. Das gilt natürlich nicht nur für Investmentfonds, sondern Sie sollten generell (bis zum 31.12.2008) versuchen, bestehende Verluste unterjährig zu realisieren, um zumindest einen steuerlichen Verlustvortrag aufzubauen. Verluste, die Sie nach Ablauf der Spekulationsfrist von einem Jahr realisieren, finden nämlich steuerlich keine Anerkennung. Eine Verrechnung bzw. eine Anrechnung auf zukünftige Gewinne ist damit nicht möglich. Diese Überlegungen sind unabhängig davon, ob Sie Ihr Wertpapierdepot im In- oder Ausland führen, da für Sie mit steuerlichem Wohnsitz in Deutschland

auch das deutsche Steuerrecht gilt, unabhängig davon, in welchem Land Sie Ihre Vermögenswerte veranlagen (Welteinkommensprinzip).

6. Vermeiden Sie es, ausländische **thesaurierende Fonds** auf ein Wertpapierdepot in Deutschland zu übertragen. Ein Verkauf im Ausland und ein erneuter Kauf in Deutschland sind hier die bessere Alternative.

7. Denken Sie daran, vor dem 01.01.2009 auch bei Ihrer Auslandsbank **Fonds** zu kaufen, die Sie möglichst lange ohne Umschichtung in Ihrem Wertpapierdepot behalten können, um von der **Altbestandsregelung** zu profitieren. Hierzu eignen sich vor allem Zertifikatefonds, Dachfonds oder Exchange Traded Funds (ETFs).

8. Denken Sie bei ausländischen Fonds, etwa bei US-Fonds, an die Abgabe der entsprechenden **Quellensteuer-Rückerstattungsformulare**.

Was ist die Altbestandsregelung?

Für Veräußerungsgewinne/-verluste aus Kapitalanlagen bieten sich für Neuinvestitionen und Depotumschichtungen bis zum 31.12.2008 interessante Übergangsregelungen.

Aktien

Für vor dem 01.01.2009 erworbene Aktien bleibt die bisherige Steuergesetzgebung anwendbar. Die Altbestände können somit auch nach dem 31.12.2008 steuerfrei nach einem Jahr Haltefrist veräußert werden. Dividendenerträge sind ab 2009 jedoch in voller Höhe der Abgeltungssteuer zu unterwerfen, da hier das Zuflussprinzip zur Anwendung kommt.

Renten

Kursgewinne aus Schuldverschreibungen, die keine Finanzinnovationen sind und vor dem 01.01.2009 erworben wurden, sind nach der Einjahresfrist auch weiterhin steuerfrei veräußerbar. Die Zinserträge unterliegen hier aber wiederum der 25%igen Abgeltungssteuer, weil auch an dieser Stelle zukünftig steuerschädliche Zuflüsse entstehen.

Investmentfonds

Für vor dem 01.01.2009 erworbene Anteile bleibt die bisherige Regelung ebenfalls anwendbar. Kursgewinne können nach einer Haltefrist von einem Jahr steuerfrei veräußert werden. Zins- und Dividendenerträge werden jedoch besteuert. Auch bei Fonds, die nicht ausschütten, werden diese Zuflüsse als ausschüttungsgleiche Erträge erfasst.

TIPP

Beziehen Sie Zertifikate- oder Dachfonds in Ihre Anlageentscheidungen mit ein, da bei diesen Produkten keine steuerschädlichen Zuflüsse entstehen. Ein Fonds, der beispielsweise anstatt in Einzelaktien in Bonus- oder Discountzertifikate auf Aktien investiert, generiert keine steuerpflichtigen Dividendenerträge, sondern steuerfreie Renditen, wenn die Strategien des Fondsmanagers (vor allem die Risikopuffer der Zertifikate) aufgehen.

Bei Dachfonds ist es ähnlich. Die Erträge der Zielfonds, in welche der Dachfonds investiert, fließen Ihnen als Käufer des Dachfonds ebenfalls steuerfrei zu. Bei beiden Produkten kann der Manager auch steuerunschädlich innerhalb des Fonds umschichten, ohne dass eine Abgeltungssteuer für Sie als Anleger anfällt.

Achtung!

Sie vertrauen hierbei auf die Fähigkeiten eines aktiven Managers. Darüber hinaus fallen sowohl in den Zielfonds, die der Dachfondsmanager kauft, als auch in den Einzelzertifikaten, die der Manager des Zertifikatefonds erwirbt, zusätzliche Kosten an. Sie sollten sich außerdem im Klaren darüber sein, dass eine reine »Konservierung« des Erwerbzeitpunktes Ihrer Kapitalanlagen durch Nutzung der Altbestandsregelung kontraproduktiv zur erforderlichen Flexibilität und Notwendigkeit einer laufenden Optimierung Ihres Rendite-Risiko-Verhältnisses sein kann. Es besteht meiner Ansicht nach die Gefahr, dass Anleger die eigentlich erforderlichen Änderungen nicht vornehmen, nur weil sie den Bestandsschutz für ihre Vermögensanlagen nicht verlieren möchten. Davor kann ich nur warnen: Sie wissen ja, dass das Steuern Ihrer Vermögenswerte immer wichtiger sein muss als die Steuern auf Ihr Vermögen. Nur wenn Sie flexibel auf Marktgegebenheiten reagieren können, um Ihre Vermögensanlage Ihrer Lebenssituation anzupassen und so Ihrem persönlichen Risikoprofil entsprechend auszurichten, lassen sich Ihre Wünsche und Ziele erreichen.

10.4 Investmentfonds-Auswahl

Fünf Möglichkeiten für Ihre gezielte Suche und individuelle Auswahl von Investmentfonds!

Mehr als 8.000 in- und ausländische Fonds von ca. 300 Kapitalanlagegesellschaften buhlen mittlerweile allein auf dem deutschen Kapitalmarkt um Ihre Gunst als Investor und Anleger. In ganz Europa sind es mittlerweile weit über 20.000 Fonds. Gerade bei meinen Seminaren zum Thema Abgeltungssteuer, meiner Telefonsprechstunde und Leseranfragen per Post oder E-Mail werde ich immer wieder gefragt, welche Fonds ich denn für eine langfristige Anlage empfehlen kann. Um vom Bestandsschutz zu profitieren und damit die Steuerfreiheit (nach einjähriger Haltedauer) zu konservieren, ist der Kauf von Fondsanteilen vor dem 31.12.2008 eine mögliche Strategie.

Individuelle Informationen statt pauschaler Tipps

Einer meiner Grundsätze dabei ist immer, dass die pauschale Empfehlung von konkreten Anlageprodukten an eine Vielzahl von Anlegern und ohne spezielleres Hintergrundwissen über diese Anleger nicht seriös ist. Vergleichen Sie solche Empfehlungen immer mit der Diagnose eines Arztes. Ihr Arzt kann nur dann eine richtige Diagnose stellen, wenn er möglichst viel oder am besten alles über Sie weiß. Ihr Arzt erreicht das durch eine individuelle Untersuchung und Analyse sowie aus dokumentierten Berichten über Ihre gesundheitliche Entwicklung in der Vergangenheit. Je intensiver und länger diese Untersuchungen und Erkenntnisse sind, desto besser die Ratschläge, die Sie bekommen werden.

Da ich also nicht jedem dem individuell zu ihm passenden Fonds empfehlen kann, möchte ich stattdessen Ihnen als Leser selbst einige Möglichkeiten an die Hand geben, für sich den passenden Fonds herauszufinden. Eine Möglichkeit sind die sogenannten Fondsratings.

TIPP I – Mein Favorit der Ratingagenturen

Lipper, eine 100%ige Tochter der Nachrichtenagentur Reuters, beobachtet derzeit 75.000 Fonds aus 59 verschiedenen Ländern. Lipper bewertet dabei deutsche Fonds im Vergleich zu ausländischen Konkurrenzprodukten nach den vier Kriterien **Verlustrisiko, Kostenquote, Stabilität der Erträge** und **absolute Erträge.** US-amerikanische Fonds werden zusätzlich danach beurteilt, ob sie aus steuerlichen Gründen vorteilhaft sind.

Anbieter	Internet	Bewertete Fonds	Bewertungsschwerpunkte	Anzahl beobachteter Fonds	Mindestalter der Fonds	Rating-Stufen
Feri Trust	www.feritrust.de	Aktien- und Rentenfonds	Rendite, Risiko	800	5 Jahre	E - A
Morningstar	www.morningstarfonds.de	Aktien-, Renten- und Mischfonds	Rendite, Risiko, Kosten	1.500	3 Jahre	1 bis 5 Sterne
Standard & Poors (Star Ranking)	www.funds-sp.de	Aktien-, Renten-, Misch- und Immobilienfonds	Rendite, Risiko	10.000	1 Jahr	1 bis 5 Sterne
Standard & Poors (Management Rating)	www.funds-sp.de	Aktien- und Rentenfonds	Qualität des Fondsmanagements	1.500	3 Jahre	A bis AAA
Lipper Rating	www.lipperweb.com	Aktien-, Renten-, Misch- und Immobilienfonds	Kontinuität der Wertentwicklung	75.000	3 Jahre	5 bis 1

Die analysierten Fonds bekommen eine Note zwischen 5 und 1, wobei 5 die beste Note ist. Diese »Auszeichnung« wird an die oberen 20% einer Gruppe von vergleichbaren Investmentfonds vergeben.

Achtung: Die unteren 20% einer solchen Gruppe bekommen dagegen die Note 1 als schlechtestmögliche Bewertung. Nicht immer bedeutet also eine 1 wie in unserem Schulsystem »sehr gut«, sondern wie in diesem Fall genau das Gegenteil.

TIPP II – Eine leichte und empfehlenswerte Suchfunktion für Sie über eine deutschsprachige Internetseite

Die Deutsche Börse kooperiert mit Lipper. Hier haben Sie die Möglichkeit, nach unterschiedlichen Investmentfonds zu suchen und zu selektieren. Sie finden das Lipper-Rating des entsprechenden Investmentfonds und eine Vielzahl an gelisteten Fondsprodukten über die Internetseite **www.boerse-frankfurt.com.**

simplified

11 Geschlossene Beteiligungen

11.1 Geschlossene Fonds werden attraktiver – worauf Sie achten müssen

Sie kennen mein Motto: »Das Steuern ist wichtiger als die Steuern«: Als Investor sollten Sie auf keinen Fall rein aus steuerlichen Überlegungen in geschlossene Beteiligungen investieren.

Gerade in der Vergangenheit gab es bei diesen beliebten Steuersparmodellen – vor allem bei Medienfonds oder Immobilienbeteiligungen – böse Überraschungen. Sofern das Steuermodell vom Fiskus überhaupt vollständig anerkannt wurde, stand dem Steuersparerfolg in bestimmten Fällen ein großer Verlust des eingesetzten Kapitals gegenüber.

Aus demselben Grund sollten Sie diese Anlageklasse nicht vordergründig wegen der Vorteile bei der Abgeltungssteuer auswählen. Ihr Hauptziel muss immer in einem persönlichen Vermögensmanagement als moderne und professionelle Grundlage liegen: die Aufteilung Ihres Vermögens auf verschiedene Anlageklassen, in erster Linie zur Risikostreuung. Wenn dabei, wie bei der Anlageklasse »geschlossene Beteiligungen«, als weiterer Effekt eine Steueroptimierung und sogar eine Steuerersparnis im Hinblick auf die Abgeltungssteuer eintritt, umso besser.

Für Sie als Investor ist die Beimischung geschlossener Fonds also eine interessante Überlegung, weil Sie dadurch das Gesamtrisiko Ihrer Vermögensanlagen senken können. Geschlossene Fonds entwickeln sich zudem weitgehend unabhängig von anderen Anlageformen, beispielsweise Aktien, Rohstoffen oder festverzinslichen Wertpapieren. Die Entwicklungen an den Weltbörsen beeinflussen diese Anlageform kaum.

Grundlagen geschlossener Fonds im Hinblick auf die Abgeltungssteuer

Geschlossene Beteiligungen sind eine der wenigen Anlageklassen, die im Rahmen der Einführung der Abgeltungssteuer als Gewinner hervorgehen. Für Sie als Investor in diese Anlageklasse gilt die ab 2009 eingeführte Abgeltungssteuer nämlich in den meisten Fällen nicht.

Das bedeutet für Sie, dass die heute geltenden günstigen Steuerregeln weiter zum Tragen kommen. Der Grund dafür ist, dass Einnahmen aus geschlossenen Fonds häufig nicht zu der Steuerklasse der Kapitaleinkünfte zählen, sondern zur Steuerklasse der gewerblichen Einkünfte oder zu den Einnahmen aus Vermietung und Verpachtung. Geschlossene Fonds können hierbei häufig – durchaus gewünschte – Gesetzeslücken nutzen. Bei Schiffsbeteiligungen wird zum Beispiel oft die besonders günstige Tonnagebesteuerung zu Grunde gelegt. Das bedeutet, dass Ihre Steuerbelastung pauschal nach den Bruttoregistertonnen des finanzierten Schiffes berechnet wird und nicht nach den effektiv erzielten Einnahmen.

Eine andere Steuergestaltungsmöglichkeit ist die Anlage von Beteiligungen im Ausland. Fonds, die im Ausland anlegen, nutzen so die positiven Möglichkeiten, die die deutschen Doppelbesteuerungsabkommen bieten. Diese Doppelbesteuerungsabkommen besagen in den meisten Fällen, dass nur der Fiskus vor Ort direkten Zugriff auf die Erträge hat. Hierbei sind viele Länder gegenüber ausländischen – also auch deutschen – Investoren weit großzügiger als der heimische Fiskus. So können deutsche Investoren für geschlossene Fonds zum Beispiel in Großbritannien, den Niederlanden oder den USA eigene Freibeträge nutzen.

In den Vereinigten Staaten sind hier derzeit jährliche Ausschüttungen von bis zu 3.400 US-Dollar steuerfrei. Zu beachten ist für Sie als Anleger allerdings, dass diese Einkünfte in Deutschland in aller Regel dem Progressionsvorbehalt unterliegen. Das erhöht Ihre Steuerlast auf die in Deutschland entstandenen Einkünfte leicht. Anders bei der pauschalen Abgeltungssteuer: Da Einkünfte, die dieser ab 2009 geltenden Form der Pauschalbesteuerung unterliegen, gar nicht mehr in Ihrer Steuererklärung auftauchen müssen, verringern sich – steuerlich betrachtet – Ihre

Einkünfte. Das bedeutet, die Abgeltungssteuer wirkt grundsätzlich mindernd auf Ihre persönliche Steuerprogression.

Fünf Tipps, die Sie vor einer Investition in eine geschlossene Beteiligung beachten sollten:

1. Investieren Sie Ihr Vermögen nicht komplett in geschlossene Fonds, sondern streben Sie eine Beimischung dieser Anlageklasse in Ihrem Vermögensmanagement an. Als grobe Richtkennzahl sollten Sie dabei eine Investionsquote zwischen 5 % und 10 % Ihrer gesamten Vermögenswerte beachten. Seien Sie sich bewusst, dass Sie mit einer Investition in einen geschlossenen Fonds eine unternehmerische Beteiligung mit allen Chancen – aber auch allen Risiken – eingehen.

2. Planen Sie langfristig. Bei einem geschlossenen Fonds handelt es sich grundsätzlich um eine langfristige Beteiligung, die zum Teil auf bis zu 20 Jahre ausgelegt ist. Es besteht zwar die Möglichkeit, Anteile über den Zweitmarkt zu veräußern, ein gut funktionierender Handel ist derzeit aus meiner Sicht aber immer noch in der Entwicklungsphase.

3. Verlassen Sie sich nur auf einen erfahrenen und seriösen Initiator. Prüfen Sie qualitative Aspekte wie den Emissionsprospekt, das Prospektprüfungsgutachten und die Leistungsbilanzen des Emissionshauses sowie Analystengutachten.

4. Achten Sie nicht nur auf die Anfangsdaten und Berechnungsgrundlagen des Fonds, sondern auch auf die weitergehenden Annahmen und Informationen in Bezug auf dessen Entwicklung.

5. Ein weiteres wichtiges Auswahlkriterium ist die Rechtsform der hinter dem Fonds stehenden Gesellschaft oder auch eine möglicherweise im Prospekt erwähnte Nachschusspflicht. Es sollte sich um eine Kommanditgesellschaft handeln, damit Ihre Haftung auf Ihre Einlage beschränkt ist und eine Nachschusspflicht ausgeschlossen ist.

11.2 Die Auswirkungen der Abgeltungssteuer auf die wichtigsten geschlossenen Beteiligungen

1. Private-Equity- und Venture-Capital-Fonds

Sogenannte geschlossene Private-Equity- oder Venture- Capital-Fonds (Beteiligungen für Risikokapital an wachstumsstarken Unternehmen) unterliegen ab dem 01. Januar 2009 der Abgeltungssteuer. Das bedeutet auch hier, dass Dividendenzahlungen ab 2009 nicht mehr wie bisher nach dem Halbeinkünfteverfahren mit Ihrem persönlichen Steuersatz zu versteuern sind, sondern mit dem Abgeltungssteuersatz in Höhe von 25%.

Noch viel gravierender sind die Auswirkungen der Unternehmenssteuerreform bei Verkäufen von Unternehmen, die ein Private-Equity-Fonds ab dem 01. Januar 2009 erwirbt. Bisher waren diese Erlöse nach einer Haltefrist von einem Jahr steuerfrei. Zukünftig greift auch hier ab 2009 die Abgeltungssteuer. Zumindest für Firmen, die vor dem 01. Januar 2009 erworben wurden, bleibt es dagegen bei der zwölfmonatigen Spekulationsfrist.

TIPP

Die steuerlichen Bedingungen für Investitionen in vermögensverwaltende Private-Equity-Fonds verschlechtern sich somit ab dem 01. Januar 2009. Für Sie als Investor in diesem Anlagesegment der geschlossenen Beteiligungen bedeutet das, dass Sie geplante Investitionen auf jeden Fall vor dem 01. Januar 2009 umsetzen sollten. Eine Möglichkeit, der Besteuerung auch in Zukunft zu entgehen, bietet sich über Dachfonds. Die Kapitalgesellschaften, in die investiert wird, können dann zukünftig in Dach- und Zielfonds eingebunden werden, weil auf diese Weise 95% der Verkaufsgewinne steuerfrei bleiben. Liegt die Betriebsstätte des Unternehmens im Ausland, gilt zudem das dortige – oftmals attraktivere – Steuerrecht.

Was sind Dach-, Ziel-, Sub- und Superfonds?

Dachfonds (Fund of Funds) sind Investmentfonds, die das Geld der Anteilseigner ausschließlich in Anteilen von anderen Investmentfonds anlegen. Die einzelnen Fonds im Dachfonds bezeichnet man dabei als Sub- oder Zielfonds. Wenn ein Investmentfonds nicht nur in andere Investmentfonds, sondern auch in einzelne Unternehmen investiert, nennt man ihn nicht Dach-, sondern Superfonds.

2. Geschlossene Immobilienfonds

Bei einer Beteiligung in geschlossene Immobilienfonds wird von einer Fondsgesellschaft für die Finanzierung von größeren Immobilienprojekten eine vorher festgelegte Kapitalsumme von vielen Investoren eingeworben bzw. eingesammelt. Ist die vorher festgelegte Summe (Kapitalsumme) erzielt, wird der Fonds geschlossen.

Auf diese Art und Weise wird die Anlegerzahl begrenzt. Ein geschlossener Fonds wird grundsätzlich beendet, indem die auflegende Fondsgesellschaft nach Ablauf der Laufzeit den Fonds auflöst. Das Anlageobjekt bzw. -projekt wird dann verkauft und die Anleger erhalten den Erlös anteilsmäßig ausgezahlt. Geschlossene Immobilienfonds erwirtschaften Erträge aus Vermietung und Verpachtung. Für geschlossene Immobilienfonds bleibt es bei der Spekulationsfrist von zehn Jahren. Die laufenden Einkünfte aus Vermietung und Verpachtung unterliegen nicht der Abgeltungssteuer, die sich daher nicht auswirkt.

TIPP

Mit einem geschlossenen Immobilienfonds, der sich an ausländischen Immobilien beteiligt, haben Sie als Anleger den Vorteil, dass Sie laufende Einkünfte, die einer hohen deutschen Steuerlast unterliegen, ins Ausland verlagern können. Ein geschlossener Immobilienfonds nutzt zum Beispiel eine Nichtveranlagungsgrenze oder eine geringere Eingangsbesteuerung im Ausland.

Als Anleger können Sie dadurch Ihre Steuerlast in Deutschland erheblich senken. Gleichzeitig haben Sie die Möglichkeit, Immobilieninvestitionen an attraktiven und wachstumsstarken Märkten wie etwa in Dubai zu tätigen. Es bleibt allerdings die Anwendung des sogenannten Progressionsvorbehaltes, der dazu führt, dass die Ersparnis bei Ihnen als Anleger mit einem sehr hohen Einkommen wesentlich größer ist als bei einem Investor mit nur geringem Einkommen.

3. Schiffsbeteiligungen

Schiffsbeteiligungen als Form geschlossener Beteiligungen sind in den meisten Fällen in der Rechtsform einer Kommanditgesellschaft (KG) strukturiert. Als Handelswährung dient meist der US-Dollar. Bei einer Zeichnung eines Schiffsfonds in € ist das Investment trotzdem in der Regel auch als dollarbasiert anzusehen, was zusätzliche Chancen bedeutet, aber auch Risiken mit sich bringt. Durch die Beteiligung als Kommanditist an einer Schiffsbeteiligung wird der Privatanleger also direkt zum (Mit-)Unternehmer und trägt damit auch das unternehmerische Risiko seiner Beteiligung.

Erfolgsgaranten für das gute Abschneiden einer Schiffsbeteiligung sind:

- der Einkaufspreis des Schiffes oder der Schiffe
- die Dauer und die Konditionen der meist zu Beginn fest abgeschlossenen Festcharter
- die Kosten des laufenden Betriebes
- die Auslastung
- der Verkaufserlös beim Ablauf des Schiffsfonds

Mit einer Vermögensanlage in eine geschlossene Schiffsbeteiligung unterliegen Sie als Privatanleger und Kommanditist den steuerlichen Regelungen einer unternehmerischen Beteiligung. Sie werden als Unternehmer (Mitunternehmer) eingestuft und erzielen so Einkünfte aus einem Gewerbebetrieb. Die Einkünfte aus Schiffsbeteiligungen unterliegen demnach auch weiter Ihrem persönlichen Einkommenssteuersatz und bewegen sich zwischen den Grenzsteuersätzen von 15% bis 45%.

TIPP

Ab dem 01. Januar 2009 fallen geschlossene Schiffsbeteiligungen nicht unter die 25%ige Abgeltungssteuer. Als Kapitalanleger und Inhaber von Schiffsbeteiligungen sind Sie Mitunternehmer einer unternehmerischen Beteiligung und erzielen damit in erster Linie Einkünfte aus dem Gewerbetrieb »Schiffsbeteiligung«. Die Ausschüttungen unterliegen weiterhin der Tonnagebesteuerung. Die Besteuerung fällt für Sie als Kapitalanleger dadurch äußerst gering aus.

Was ist die Tonnagesteuer?

Die Tonnagesteuer ist, anders als der Name vermuten lässt, keine Steuer, sondern vielmehr eine Gewinnermittlungsart in der Schifffahrt. Sie wurde 1999 im Zuge der neuen steuerlichen Förderung der deutschen Seeschifffahrt eingeführt und ist in § 5a EStG erläutert. Bei der Tonnagesteuer ist es möglich, die Steuerschuld nicht nach den tatsächlich erwirtschafteten Gewinnen, sondern nach der Größe des jeweiligen Schiffes zu berechnen. Weil bei der Tonnagebesteuerung nur sehr geringe, pauschale Gewinne angenommen werden, sinkt das zu versteuernde Einkommen deutlich. Die Tonnagesteuer ist übrigens nicht nur bei deutschen Schiffen, sondern auch bei ausländischen möglich. Das Einzige, was hierfür zählt, sind der Ausbau und der Erhalt von Arbeitsplätzen in Deutschland.

11.3 Der Zweitmarkt für geschlossene Beteiligungen

Geschlossene Fonds vor dem Laufzeitende verkaufen? Das war bis vor wenigen Jahren ein nahezu unmögliches Unterfangen. Ein großer Nachteil geschlossener Beteiligungen war in der Vergangenheit eben ihre nur sehr geringe Liquidität und Handelbarkeit. Es gab keinen Sekundärmarkt für geschlossene Beteiligungen.

Hier sind jedoch für Sie als Anleger erfreuliche Entwicklungen zu beobachten. Der wünschenswerte Handel von »gebrauchten« Anteilen geschlossener Beteiligungen steckt zwar immer noch in den Kinderschuhen, mittlerweile können geschlossene Fonds aber sogar an eigentlichen Wertpapierbörsen zum Beispiel in Hamburg oder Berlin gehandelt werden. Bei der ZweitMarkt Plus AG (www.zweitmarkt-plus.de) etwa erfolgt die Preisfeststellung über die Handelsplattform an der Börse Berlin und stützt sich einzig und allein auf Angebot und Nachfrage, limitiert durch einen vom Verkäufer vorgegebenen Mindestpreis. Bei jeder Transaktion fallen für Käufer und Verkäufer jeweils eine Gebühr von 2,5% (mindestens 250 €) an.

Auf der Handelsplattform Zweitmarkt.de finden Sie täglich die aktuellen Kurse und Handelsvolumina für über 3.000 Fonds, dazu aktuelle Informationen, Berichte und Charts zur Kursentwicklung. Regelmäßige Empfehlungen per Newsletter weisen Sie auf Kauf- und Verkaufschancen hin. Erst nach erfolgreicher Vermittlung zahlen Käufer und Verkäufer auch hier eine Provision von jeweils 2,5% des Kaufpreises.

FAZIT

Es tut sich etwas bei der Handelbarkeit von geschlossenen Beteiligungen. So entwickeln sich diese allmählich zu einer interessanten Anlageklasse für jedermann. Durch die sich daraus ergebenden vorzeitigen Verkaufsmöglichkeiten können auch Sie als Privatanleger geschlossene Fonds nun bei Ihrem privaten Vermögensmanagement einsetzen. Steigende Transparenz sowie mehr Liquidität, vor allem aber der erfreuliche Wandel vom reinen Steuerspar- zum Renditemodell werden diese Assetklasse weiter fördern.

Acht Empfehlungen für den Handel geschlossener Beteiligungen

1. Überprüfen Sie bei der jeweiligen Handelsplattform, ob das Preisfindungsverfahren und die Preisgebote transparent und nachvollziehbar sind.

2. Prüfen Sie, ob alle fälligen Provisionen offengelegt werden.

3. Wählen Sie am besten einen Anbieter, bei dem Ihnen Experten Bewertungs- und Beratungsleistungen anbieten, und nutzen Sie diese.
4. Achten Sie darauf, dass Ihnen aktuelle Informationen und Kurslisten zum gewünschten oder einem vergleichbaren Fonds zeitnah zur Verfügung gestellt werden.

5. Lassen Sie sich nicht von Werbeaussagen irreleiten, die eine Kontrolle durch eine Börsenaufsicht suggerieren.

6. Lassen Sie sich von der fünfjährigen gesetzlichen Nachhaftung freistellen.

7. Ziehen Sie vor dem Verkauf Ihren Vermögens- oder Steuerberater zu Rate.

8. Seien Sie vorsichtig, wenn Sie von unbekannten Absendern zum Verkauf Ihres Anteils aufgefordert werden. Ihre Adresse ist möglicherweise den Handelsregisterauszügen entnommen worden.

Internet-Verweise

Seriöse Plattformen finden Sie im Internet zum Beispiel unter **www.zweitmarkt.de, www.zweitmarktplus.de** oder **www.sekundaermarkt.de.**

simplified

12

12.1 Der Standortnachteil Deutschlands im Vermögensaufbau und der Kapitalanlage

Ein Wohnsitzwechsel ist natürlich die konsequenteste und von der Planungs- und Rechtssicherheit her die effizienteste mögliche Antwort auf die deutsche Abgeltungssteuer. Dabei müssen Sie im Übrigen nicht einmal allzu weit über unsere Landesgrenzen schauen, weil all unsere unmittelbaren Nachbarn weit bessere Rahmenbedingungen für die Altersvorsorge und für den Vermögensaufbau sowie die Förderung des privaten Vermögensmanagements bieten.

12.2. Übersicht der steuerlichen Regelungen in anderen Ländern

Land	Steuerliche Behandlung
Schweiz	Kursgewinne sind steuerfrei
Niederlande	Kursgewinne sind steuerfrei
Belgien	Kursgewinne sind steuerfrei
Luxemburg	Kursgewinne sind nach Ablauf der Spekulationsfrist von 6 Monaten steuerfrei
Österreich	Kursgewinne sind nach Ablauf der Spekulationsfrist von zwölf Monaten steuerfrei
Frankreich	Kursgewinne sind acht Jahren Spekulationsfrist von sechs Monaten steuerfrei. Darüber hinaus besteht ein Freibetrag für Spekulationsgewinne in Höhe von 20.000 € jährlich.

Übersicht der steuerlichen Hanhabung von Kursgewinnen bei Wertpapieren (weiter auf Seite 112))

Land	Steuerliche Behandlung
Großbritannien	Die Bemessungsgrenze für Kursgewinne sinkt langfristig auf 60% der erzielten Wertzuwächse. Darüber hinaus gibt es einen Freibetrag in Höhe von 8.800 GBP jährlich, was umgerechnet ca. 12.600 € entspricht.
Italien	Kursgewinne werden mit 12,5% besteuert.
Deutschland	Kursgewinne werden ab dem 01.01.2009 mit 25% zuzüglich Solidaitätszuschlag und Kirchensteuer belastet und es gibt keine Spekulationsfristen mehr. Der jährliche Freibetrag liegt dabei lediglich bei 801 €.

Übersicht der steuerlichen Hanhabung von Kursgewinnen bei Wertpapieren (Fortsetzung))

Deutschland hat damit im Vergleich mit den direkten Nachbarländern die mit Abstand nachteiligste Regelung gerade für den langfristigen Vermögensaufbau. Eine Verlagerung Ihres Wohnsitzes ist für Sie vor allem dann interessant, wenn Sie bereits grenznah zu einem dieser Länder wohnen oder Ihr Leben und Ihre Arbeit schon heute flexibel und ortsunabhängig gestalten können.

12.3 Grundlagen, Fallstricke und Checklisten für die Wohnsitzverlagerung!

Nie zuvor haben so viele Deutsche aus steuerlichen Gründen den Wegzug aus Deutschland ins Auge gefasst wie in den letzten Jahren. Doch auch hier gilt: »Das Steuern ist wichtiger als die Steuern«. Und vor einem Umzug ins Ausland rein aus steuerlicher Motivation rate ich dringend ab. Ich kenne einige Fälle, in denen Auswanderer an ihrem steuerlichen Wahldomizil nicht glücklich geworden sind, sei es aufgrund der Wahl eines falschen Standortes und Domizils, kultureller Unterschiede und gesellschaftlicher Einsamkeit, fehlender Familiengemeinschaft und Freundeskreise oder auch Sehnsucht nach der Heimat. Einen rein steuerlichen Wegzug gibt es nicht – nur einen tatsächlichen.

Vor einem Scheinwohnsitz oder einer falschen Gestaltung und der damit verbundenen Steuerhinterziehung warne ich ebenfalls. Aus vielen E-Mails und Anrufen weiß ich, dass diese Thematik für Sie weiter von großem Interesse ist. Allerdings begegnen mir immer wieder die gleichen Irrtümer und Trugschlüsse im Zusammenhang mit Auswanderungsfragen. Aus diesem Grund möchte ich die Grundlagen und Grundfragen einmal behandeln und Ihnen eine Checkliste an die Hand geben.

Aufgabe Ihres deutschen Wohnsitzes – Achtung Fallstricke!

Wenn Sie Ihren deutschen Wohnsitz aufgeben möchten, müssen Sie sämtliche in Deutschland belegenen Immobilien verkaufen oder langfristig an Dritte vermieten. Sie dürfen auch nicht bei Kindern oder Freunden eigene Räumlichkeiten beziehen und unterhalten. Nach den deutschen steuerlichen Vorschriften bedeutet Wohnsitz nicht zwingend eine eigene abgeschlossene Wohneinheit mit entsprechender Kochgelegenheit. Die Möglichkeit, eine einfache Bleibe in Deutschland zur jederzeitigen Verfügbarkeit zu haben, kann schon ausreichend sein. Die melderechtliche Abmeldung in Deutschland hat zwar Indizfunktion für die Aufgabe des Wohnsitzes, mehr aber nicht.

Grundlegende Folgen einer Wohnsitzaufgabe in Deutschland!

- Verkauf oder Fremdvermietung von in Deutschland belegenen Immobilien
- Ehegatte/Lebensgefährte und Kinder müssen mit umziehen: Wechsel von Arbeitsplatz und Schule
- grundsätzlich keine deutsche Kranken- und Pflegversicherung mehr
- grundsätzlich keine deutsche Sozialversicherung mehr
- räumliche Trennung vom sozialen Umfeld (Freunde/Familie)

- Kündigung der Vereinsmitgliedschaften
- Kündigung von deutschen Versicherungen (z. B. Kfz-Versicherung)
- häufig: Wechsel des Kreditinstitutes
- je nach gewähltem Land: andere Sprache und andere Mentalität
- Wechsel in ein anderes Rechtssystem
- Aufgabe von ortsgebundenen sozialen und politischen Aktivitäten

Fazit
Wegzuziehen bedeutet einen kompletten Neuanfang unter Aufgabe Ihres bisherigen Lebens. Das sollten Sie stets bei Ihren Überlegungen im Hinterkopf behalten. Darüber gilt es in Ruhe – und unter Einbeziehung aller betroffenen Familienmitglieder – nachzudenken, bevor Sie sich zur Aufgabe des Wohnsitzes in Deutschland mit wirklich allen Konsequenzen und Folgen entschließen. Ich rate Ihnen auch, vor dieser Entscheidung über einen längeren Zeitraum und nicht unter Ferien- oder Urlaubsbedingungen an Ihrem neuen Domizil auf Probe zu leben.

Ein Wohnsitzwechsel bedeutet nicht automatisch eine Steuerverlagerung ins Ausland!

Der Wegzug aus Deutschland bedeutet für Sie nicht automatisch auch den Wegfall der deutschen Einkommensteuer. Denn im deutschen Einkommensteuerrecht kommt es nicht nur darauf an, wo Sie als Steuerpflichtiger ansässig sind, sondern auch darauf, woher Ihre Einkünfte stammen. So unterliegen etwa Einkünfte aus Ihrem deutschen Gewerbebetrieb – sei es ein Einzelunternehmen oder eine Personengesellschaft – sowie Einkünfte aus der Vermietung von Immobilien in Deutschland weiterhin der deutschen Einkommensteuerpflicht!

Daran ändert sich auch durch ein Doppelbesteuerungsabkommen zwischen Deutschland und Ihrem neuen Wohnsitzland nichts. Denn in den Doppelbesteuerungsabkommen wird Deutschland für diese Einkünfte regelmäßig das Besteuerungsrecht zugewiesen. Eine Wohnsitzverlagerung kann sich also aus steuerlichen Gesichtspunkten am besten bei anderen Einkunftsquellen wie etwa Einkünften aus Kapitalvermögen lohnen.

Erbschaft- und Schenkungsteuer

Mindestens für fünf Jahre nach Ihrem Wegzug aus Deutschland unterliegen Ihre Schenkungen oder das aufgrund eines Nachlasses anfallende Vermögen, welches Sie vererbt bekommen oder vererben möchten, grundsätzlich weiterhin der deutschen Erbschaft- und Schenkungsteuer. Wenn Sie in ein sogenanntes Niedrigsteuerland ziehen (beispielsweise Schweiz) und weiterhin wesentliche wirtschaftliche Interessen in Deutschland haben, verlängert sich dieser Zeitraum gegebenenfalls sogar auf zehn Jahre. Bei einem Wegzug in die USA gilt – unabhängig vom Vorliegen weiterer Voraussetzungen – eine Frist von zehn Jahren.

Wird Ihr in Deutschland befindlicher Gewerbebetrieb – egal ob Einzelunternehmen oder Personengesellschaft – oder eine in Deutschland belegene Immobilie vererbt oder verschenkt, fällt zudem immer die deutsche Erbschafts- bzw. Schenkungsteuer an. Auch knüpft das deutsche Erbschaftsteuerrecht die Steuerpflicht nicht nur an den Wohnsitz des Erblassers, sondern auch an den der Erben.

Fazit

Wenn ein im Ausland ansässiger Erblasser sein ausländisches Vermögen einem in Deutschland wohnenden Erben hinterlässt, unterliegt dieser mit dem, was er erbt, aufgrund seines inländischen Wohnsitzes unbeschränkt der deutschen Erbschaftsteuer. Grundsätzlich kann der deutschen Erbschaftsteuerpflicht auf ausländisches Vermögen aber entgangen werden, wenn auch die Erben aus Deutschland wegziehen.

Wegzugsbesteuerung nach Außensteuergesetz

Verlegen Sie als Unternehmer, der mindestens zehn Jahre in Deutschland unbeschränkt steuerpflichtig war und eine Beteiligung von mindestens

1% an einer inländischen oder – seit dem 01.01.2007 – ausländischen Kapitalgesellschaft hält, Ihren Wohnsitz ins Ausland, kommt zusätzlich das deutsche Außensteuergesetz zur Anwendung. Das Außensteuergesetz unterstellt im Fall des Wegzugs eine fiktive Veräußerung der Anteile an der Kapitalgesellschaft. Nach aktueller Gesetzeslage verbleibt das Besteuerungsrecht für die unterstellte Veräußerung Ihrer Anteile auch weiterhin bei der Bundesrepublik Deutschland und die festgesetzte Steuer wird sofort fällig. Neu ist, dass bei Wegzug innerhalb der EU oder des Europäischen Wirtschaftsraums die Steuer zwar auf den Zeitpunkt des Wegzugs festgesetzt wird, diese aber auf Antrag bis zur tatsächlichen Veräußerung der Anteile zinslos und ohne Sicherheitsleistung gestundet werden kann. Als Steuerpflichtiger haben Sie jährlich im Rahmen der Mitwirkungspflicht den Nachweis gegenüber dem Fiskus zu erbringen, dass die Anteile noch nicht veräußert worden sind.

Fazit

Ihr Wegzug muss wirklich individuell geprüft werden. Ob sich mit einem Wegzug aus Deutschland Ihre Steuerbelastung tatsächlich senken lässt, kommt sehr auf die Umstände des Einzelfalles an. Ziehen Sie einen Wegzug ernsthaft in Erwägung, sollten daher alle Einkommens- und Vermögensbestandteile daraufhin untersucht werden, welche steuerlichen Auswirkungen Ihr Wegzug hat. Nur so lässt sich abschließend beurteilen, ob Ihr Auswanderungsvorhaben tatsächlich zu einer deutlichen Steuerentlastung führt.

Checkliste für den steuerlichen Wohnsitzwechsel

Um einen vollständigen und steuerlich unproblematischen Wegzug aus Deutschland zu erreichen, sollten Sie die Punkte der folgenden Checkliste berücksichtigen. Dazu gehört es, die entsprechenden Nachweise so zu führen, dass diese gleich dem Finanzamt gegenüber verwendet werden können.

- ○ Verkauf sämtlicher in Deutschland belegener und selbst genutzter Immobilien oder langfristige Vermietung an Dritte (möglichst nicht an Freunde oder Verwandte)

- Grundsätzlich kein Leerstehenlassen von möblierten Wohnungen – hier wäre die sogenannte Schlüsselgewalt, d. h. die Möglichkeit, die Wohnung jederzeit nutzen zu können, ausreichend, um Ihnen die unbeschränkte Steuerpflicht in Deutschland zu unterstellen.
- Melderechtliche Abmeldung in Deutschland und Anmeldung im Ausland nach den dortigen ausländerrechtlichen Vorschriften; im Sonderfall Großbritannien gibt es keine Meldepflicht, hier erfolgt die Meldung in Form der steuerlichen Meldung an das Inland Revenue.
- Ehepartner/Lebensgefährtin und minderjährige/ schulpflichtige Kinder müssen mit ins Ausland ziehen und dürfen ebenfalls keine Wohnung in Deutschland aufrechterhalten, da ein Ehegatte für den anderen Ehegatten sonst einen deutschen Wohnsitz begründet.
- Kündigung von deutschen Telefonanschlüssen inklusive Handyverträgen und Abschluss neuer Verträge im Ausland
- Abmeldung des PKWs und anderer Fahrzeuge in Deutschland und Neuanmeldung im Ausland
- Deutsche Bankverbindungen sollten auf ein Minimum reduziert werden, das zur Verwaltung der in Deutschland verbleibenden Kapitalkonten oder Immobilien erforderlich ist.
- Zusätzlich sollte eine Kündigung deutscher und neue Beschaffung ausländischer Kreditkarten stattfinden. Der laufende Zahlungsverkehr sollte über ein ausländisches Girokonto erfolgen.
- Kapitalvermögen sowie anderes fungibles Vermögen sollte möglichst aus Deutschland heraus ins Ausland verlagert und auch von dort aus verwaltet werden.
- Kündigung sämtlicher privater Mitgliedschaften in Deutschland, z. B. in Fitnessstudios, Golfclubs oder anderen Sport- oder sonstigen Vereinen
- umfangreichende schriftliche Dokumentation der Wegzugspläne und des tatsächlichen Wegzugs durch Kündigungsschreiben gegenüber

Energieversorgern, Stadtwerken etc. sowie der bereits angesprochenen Mitgliedschaften

- umfassende Dokumentation des tatsächlichen Umzugs und des Umzugsstichtages durch Rechnungen
- von Umzugsunternehmen, Schaltung von Maklteraufträgen zur Vermietung oder zum Verkauf der deutschen Wohnstätte
- Einrichtung eines Nachsendeauftrages von der in Deutschland aufgegebenen Adresse an die neue ausländische Adresse
- Bei nachfolgenden kurzfristigen Aufenthalten in Deutschland (z. B. zwecks Verwaltung hier noch befindlichen Vermögens) sollte möglichst in Hotels oder bei Freunden und Bekannten immer nur als Gast »aus dem Koffer« gelebt werden.
- Nach Wegzug aus Deutschland sollten Aufenthalte in Deutschland möglichst taggenau für den Fall aufgezeichnet werden, dass die Thematik »gewöhnlicher Aufenthalt« aufkommen sollte.
- Eintragung in das Wählerregister für Kommunalwahlen im Zuzugsstaat
- grundsätzliche Einstellung der beruflichen Tätigkeit in Deutschland nach Aufgabe des deutschen Wohnsitzes, es sei denn, eine Grenzgängertätigkeit liegt vor

Das reine Abhaken einer solchen Checkliste sollte keinesfalls eine Beratung im Einzelfall ersetzen. Beim Wegzug in einige Länder genügt die Verlagerung des Mittelpunktes der Lebensinteressen, die Wohnung in Deutschland kann gegebenenfalls beibehalten werden.

Folgende Punkte sind hier besonders zu beachten:

- Das Verhältnis zwischen der neuen Wohnstätte im Ausland und der verbliebenen Wohnstätte in Deutschland sollte deutlich das Verhältnis von Haupt- zu Nebenwohnsitz widerspiegeln. Untermauert werden kann dies beispielsweise durch die Darstellung des Energieverbrauchs an beiden Orten im Verhältnis zueinander.

- Eine entsprechende Meldung sollte bei den deutschen und ausländischen Meldebehörden erfolgen.

- Kapitalvermögen sowie weiteres fungibles Vermögen sollte ebenfalls ins Ausland verlagert werden, um die Verlagerung des Lebensmittelpunktes auch aus wirtschaftlicher Sicht zu begründen.

- Abonnements von Tageszeitungen und Mitgliedschaften in Sportvereinen sollten gekündigt und im Zuzugsland neu aufgenommen werden.

- Auch im Fall der bloßen Verlagerung des Lebensmittelpunktes ins Ausland sollte eine Registrierung beim kommunalen Wählerregister im Ausland erfolgen.

Fazit

Wegziehen bedeutet nicht nur, einfach über die Grenze zu gehen, dort ein Haus zu kaufen und von nun an dort zu leben. Ebenso ist die oftmals zitierte 183-Tage-Regelung für eine Steuerpflicht ein großer Trugschluss. Ein gewöhnlicher Aufenthalt in Deutschland kann schneller vorliegen, als Sie zunächst denken.

simplified

13 Firmengründung (im Ausland am Beispiel Luxemburg)

Luxemburg und die dortigen Banken reagieren sehr schnell auf die für Anleger negativen Entwicklungen in Deutschland, gerade in Bezug auf die Abgeltungssteuer und die Änderung des Erbschaftsteuerrechts. Das Großherzogtum sieht durch eine liberale Rechtssprechung die Möglichkeit, Auslandsinvestitionen und Kapitalzuflüsse gerade aus Deutschland zu erreichen. Die Möglichkeiten über Luxemburger Spezialfonds die Abgeltungssteuer zu umgehen, bestehen jedoch mittlerweile nicht mehr. Dafür sind beispielsweise Luxemburger Vermögensverwaltungsgesellschaften eine interessante Alternative.

Neues Gesetz für Vermögensverwaltungsgesellschaften in Luxemburg

Am 26. April 2007 hat das luxemburgische Parlament ein Gesetz verabschiedet, das eine Vermögensverwaltungsgesellschaft (Société de gestion de patrimoine familial, kurz: SPF) vorsieht. Ziel der neuen Gesellschaft ist es, praktisch eine Steuerbefreiung in Luxemburg für die Verwaltung großer Privatvermögen zu bieten.

Die wichtigsten Eckpunkte des Gesetzes habe ich im Folgenden für Sie zusammengestellt:

13.1 Anlegerkreis

- Sie als natürliche Person, die ihr Privatvermögen steueroptimiert verwalten möchte

- eine juristische Person (z.B. Ihre Firma), die Privatvermögen verwaltet und ausschließlich in diesem Interesse tätig wird
- oder Sie als Verwalter, der für Rechnung der zuvor genannten Anleger handelt

13.2 Zweck

- Verwaltung von Privatvermögen
- Erwerb, Besitz, Verwaltung und Veräußerung von Finanzaktiva (im weitesten Sinne)
- Ermöglichung der Vermögens-, Güterstands- und Nachfolgeplanung von Ihnen als natürliche Person oder Ihren Firmenbeteiligungen

Eine operative Handelstätigkeit ist nicht erlaubt!

13.3 Mögliche Gesellschaftsformen

- Société à responsabilité limitée (GmbH)
- Société anonyme (AG)
- Société en commandite par actions (KGaA)
- Société coopérative organisée sous forme d'une société anonyme (eine in der Form einer AG organisierte Genossenschaft)

Nicht möglich: Personengesellschaften

Da die Gesellschaft zur Verwaltung von Privatvermögen gedacht ist, sind kommerzielle Aktivitäten (etwa die gewerbliche Vermögensverwaltung) nicht erlaubt. Desgleichen darf Ihre Gesellschaft keine Immobilien direkt besitzen, möglich ist aber wiederum eine Beteiligung an Immobiliengesellschaften oder an Immobilienfonds.

13.4 Steuern

Die neue Gesellschaft nutzt vorhandene Kapitalgesellschaftsformen, ist jedoch nur wie folgt steuerpflichtig:

- Körperschaft- und Gewerbesteuer: 0%
- Vermögensteuer: 0%
- Steuer auf Dividendenzahlung aus Niedrigsteuerländern (weniger als 11% Körperschaftsteuerbelastung): bis zu 5%

Die in Luxemburg einzige Abgabe ist eine Abgeltungssteuer in Höhe von 0,25% (!), die auf die Vermögenswerte der Gesellschaft berechnet wird und jährlich mindestens 100 €, höchstens aber 125.000 € beträgt.

Damit gesteht Luxemburg der vermögensverwaltenden Gesellschaft praktisch Steuerfreiheit zu!

Es kommt noch besser: Sie ist auch nicht mehrwertsteuerpflichtig! Die Vermögensverwaltungsgesellschaft ist per Gesetz eine Kapitalgesellschaft. Sie ist damit eine interessante Alternative für Sie als Anleger, der eine Vertretung in seinen Vermögensangelegenheiten wünscht.

13.5 Internationales Steuerrecht

- Ihre SPF soll keine steuerlichen Verwerfungen verursachen, deshalb unterliegt sie nicht den von Luxemburg abgeschlossenen Steuerabkommen zur Vermeidung der Doppelbesteuerung.

- Damit erfolgt aller Voraussicht nach eine Transparenzbesteuerung in Ihrem Wohnsitzland bzw. im Wohnsitzland des Anteilseigners, abhängig vom jeweiligen Außensteuerrecht des Wohnsitzlandes.

- Eine steueroptimierte Vermögensanlagestrategie (beispielsweise mit niedrigverzinsten Anleihen oder Indexfonds) innerhalb Ihrer SPF ist daher entscheidend.

13.6 Weitere Einzelheiten

- Die Satzung muss vorsehen, dass sich Ihre SPF den Bestimmungen des neuen Gesetzes unterwirft.

- Ihre SPF kann an einer anderen Gesellschaft Beteiligungen halten, sofern sie nicht in die Verwaltung dieser anderen Gesellschaft eingreift; sie kann in Aktien von ansässigen und nicht ansässigen Gesellschaften investieren.

- Sie darf keine verzinslichen Darlehen gewähren, allenfalls Vorschüsse; für Verbindlichkeiten der Gesellschaften, an denen sie beteiligt ist, kann sie bürgen.

Steuervorteile einer Luxemburger Gesellschaft

- Beteiligungserlöse sind steuerfrei

- Das DBA findet Anwendung, wenn das Management in Luxemburg sitzt.

- Umfangreiche Verlustvortragsmöglichkeiten

- Bewertungsvorteile (nicht ausschließlich das Stuttgarter Verfahren muss angewendet werden)

- Vermeidung von Grunderwerbs-, Quellen- und Abzugssteuern wie beispielsweise der Abgeltungssteuer
- Wechsel des Steuersubjektes (natürliche/juristische Person)
- EU-Grundfreiheiten sind anwendbar
- Vermeidung einer Doppelbesteuerung im Erbfall

FAZIT: Luxemburg setzt Maßstäbe

Mit dieser neuen Gesellschaftsform hat Luxemburg innerhalb der EU ideale Rahmenbedingungen für vermögensverwaltende Gesellschaftsformen geschaffen. Für mich geht der Trend im internationalen Gesellschaftsrecht zukünftig ganz klar dahin, dass in einem vereinten Europa Länder wie Luxemburg weiter anlegerfreundliche Gesetze haben werden, die den Vorteil bieten, dass diese aufgrund bestehender Doppelbesteuerungsabkommen (DBA) auch vom deutschen Gesetzgeber anerkannt werden müssen. Die Niederlassungsfreiheit für EU-Firmen untermauert die Rechtssicherheit bei einer Firmengründung im EU-Ausland zusätzlich.

Dadurch lassen sich gerade größere Vermögenswerte gezielt steueroptimal strukturieren, und das in absolut legalen und dennoch innovativen Konstruktionen. Natürlich gibt es hier das Damoklesschwert, dass die Bundesregierung die Doppelbesteuerungsabkommen weiter verschärfen wird.

Wenn Sie derzeit Vermögenswerte in Deutschland haben, die auf Ihren Namen laufen, oder wenn Sie in Deutschland steuerpflichtig sind und Sie Nachteile aus der geplanten Abgeltungssteuer oder der Erbschaftsteuerreform befürchten bzw. Ihre Ertragssteuerbelastungen reduzieren möchten, dann sollten Sie sich schon jetzt mit alternativen Gesellschaftsformen befassen. Die Luxemburger vermögensverwaltenden Gesellschaften scheinen mir hierzu sehr gut geeignet. Weil Luxemburg aus deutscher Perspektive kein Niedrigsteuerland ist, können Sie die Vorteile der dortigen Gesetzgebung dennoch aktiv und legal nutzen.

Für welches Vermögen lohnt sich welches (Gesellschafts)-Modell?

Verfügen Sie über kleinere Vermögenswerte ab ca. 50.000 €, so nutzen Sie bitte die legalen und auf deutsches Steuerrecht abgestimmten Vorteile von ausländischen Lebensversicherungsmänteln, wie sie beispielsweise von Liechtensteiner Versicherungsgesellschaften angeboten werden. Bei größeren Vermögenswerten ab ca. 500.000 € aufwärts kann die neue Luxemburger Vermögensverwaltungsgesellschaft eine Alternative für Sie sein. Die Luxemburger Gesellschaft kann auch als Holding fungiert. Gewinne von »Untergesellschaften« fließen dabei steuerfrei in die Dachgesellschaft.

Vorsicht vor schwarzen Schafen!

Die beschriebenen Gestaltungsoptionen sind von der jeweiligen Gesetzgebung anerkannte, zukunftsfähige und legale Strukturierungsmodelle.

Ich warne Sie allerdings ausdrücklich davor, sich von Beratern oder dubiosen Informationsquellen dazu verleiten zu lassen, gerade Ihr bisher ordentlich versteuertes Geld praktisch »schwarz zu machen«, was Ihnen im Einzelfall wahrscheinlich überhaupt nicht bewusst wäre. Sie sollten sich niemals nur auf eine Meinung und ein Angebot stützen. Wenn Sie ein Angebot vorliegen haben, rate ich Ihnen unbedingt, den Steuerberater Ihres Vertrauens hinzuzuziehen, vielleicht auch eine Steuerberatungsgesellschaft mit internationaler Erfahrung und einem weltweiten Netzwerk. Beispiele hierfür sind Firmen wie Roedl & Partner (www.roedl.de), Ebner, Stolz & Partner (www.ebnerstolz.de), ecovis (www.ecovis.de). Ich stehe Ihnen mit meinem umfassenden Expertennetzwerk natürlich ebenfalls mit Rat und Tat zur Seite.

Ich weiß aus Gesprächen, dass im Zuge der Besorgnis über die Einführung der Abgeltungssteuer einige Banken und Berater von der Liechtensteinischen Stiftung bis zur Offshore-Gesellschaft in der Karibik so ziemlich alles, auch mit dem Argument einer kostengünstigen Alternative, anbieten. Diese Gesellschaftsformen haben grundsätzlich durchaus Ihre Berechtigung, aber nicht im Rahmen einer intelligenten, auf das europäische Rechtssystem abgestimmten Vermögenssteuerung, bei der die Steuergesetze (Außensteuerrecht) beachtet und Doppelbesteuerungsabkommen genutzt werden.

Hierzu gibt es keine Offshore-Alternativen. Die Rahmenbedingungen etwa in Luxemburg sind nicht nur attraktiv, sondern auch (relativ) rechtssicher.

simplified

Rechtssicherheit

Die Rechts- und Planungssicherheit in Bezug auf die Steuergesetzgebung in Deutschland ist erfahrungsgemäss leider ein sehr schwieriges und immer komplexerers Unterfangen. Daran wird sich auch mit der Abgeltungssteuer nichts ändern. Auch die in diesem Buch beschriebenen Strategien können schon bald wieder einer Korrektur unterworfen werden. Als Anleger müssen Sie also Ihre Vermögenswerte gerade auch in steuerrechtlicher Hinsicht einem fortlaufenden Controlling unterziehen!

Aktuelle Informationen finden Sie unter www.geopolitical.biz